当代中国知名学者文集

马大正边疆文存

第一卷
中国边疆学构筑论衡

马大正 著

中国社会科学出版社

图书在版编目（CIP）数据

马大正边疆文存：全五册 / 马大正著. -- 北京：
中国社会科学出版社，2025.6
（当代中国知名学者文集）
ISBN 978 - 7 - 5227 - 3520 - 7

Ⅰ. ①马… Ⅱ. ①马… Ⅲ. ①边疆地区—地方史—中
国—文集 Ⅳ. ①K928.1 - 53

中国国家版本馆 CIP 数据核字（2024）第 091516 号

出 版 人	赵剑英	
责任编辑	吴丽平	
责任校对	杨　林	
责任印制	李寡寡	

出　　版	中国社会科学出版社	
社　　址	北京鼓楼西大街甲 158 号	
邮　　编	100720	
网　　址	http://www.csspw.cn	
发 行 部	010 - 84083685	
门 市 部	010 - 84029450	
经　　销	新华书店及其他书店	

印刷装订	北京君升印刷有限公司
版　　次	2025 年 6 月第 1 版
印　　次	2025 年 6 月第 1 次印刷

开　　本	710×1000　1/16
印　　张	86.5
字　　数	1390 千字
定　　价	598.00 元（全五卷）

写在"马大正边疆文存"出版之际

时光流逝，我已是名副其实的"80后"——耄耋之老翁。此时此刻对自己学术人生做些回顾，当也在情理之中。

回首作为学人的我半个多世纪在史学研究领域里，还是做了些许工作，简言之，是做了两件事，一是习史，二是研史，当然习史和研史很难截然分开，但从一个时段的工作重心看，还是可以分为入门、始步、拓展三个阶段。

1960年至1964年，为研究的入门阶段

时我在山东大学历史系攻读中国近代史专业研究生，师从徐绪典教授，致力于太平天国对外关系史的学习和研究，我的研究生毕业论文题为《太平天国革命与英美传教士》，在此期间系统学习了马克思史学理论和中国通史的基础知识。山东大学历史系当时名师荟萃，学习气氛浓郁，更难忘的是，业师徐绪典教授不仅传授了中国近代史的丰厚知识，还教会了我从事历史研究的基本方法，实现了对历史学由无知到稍知的过渡，所有这一切成了我终身受益的最宝贵的精神财富。20世纪80年代初我发表了两篇关于太平天国史的论文：一篇《太平天国革命与英美传教士》即是我的研究生毕业论文，另一篇《论洪仁玕革新思想的形成及其历史地位》资料积累和内容构思也都是在研究生学习时完成的。

1964年至1987年，为研究的始步阶段

1963年7月研究生毕业，由于论文答辩，等待分配工作，至1964年

仲夏到中国科学院民族研究所（中国社会科学院民族研究所前身）工作，一晃十余年（1964—1975 年），与大多数同龄人一样，身在研究机构，却长期与科研工作无缘，先是前后两次四清运动工作队，下乡劳动锻炼，第二次四清运动工作队集训刚结束，"文化大革命"开始了，于是在政治运动的波涛中又经历几乎 10 年时间，身不由己地翻滚在革命与反革命的旋涡之中。但平心而论，这些年也确是经风雨、见世面、长知识，对社会认识的加深本身也是哲学社会科学工作者不可缺少的必修课，无疑大大有利于日后研究工作中对资料鉴别、历史现象分析能力的提高。唯一能做而我未能做到的是，我不及当时我的有些同龄先知者，抓紧外文水平的巩固和再学习，从这一意义上说，我是大大地浪费了宝贵的青春岁月。1975 年秋冬，我终于得到了参加工作以来第一个研究课题的机会——参加《准噶尔史略》一书的撰写。我的卫拉特蒙古史研究即始于此时，此项研究真正有序展开已是科学春天降临人间的 1978 年了。卫拉特蒙古史研究工作起步是顺利的，因为从大环境言，我赶上了社会科学研究蓬勃发展的大好时光；从小环境言，我有幸置身于一个团结、进取的研究集体之中。而且在我研究工作始步之初，即得到享誉海内外的著名前辈学者翁独健教授的指导与启迪，他是我始步研究卫拉特蒙古史和隋唐民族关系史的引路人和最直接的老师。至今我仍清晰记得《准噶尔史略》编写工作之初，独健老师的谆谆告诫："一定要详尽地掌握原始资料和国内外研究动态，首先把前人的研究成果收齐，编好目录，仔细阅读，在前人的基础上，把这本书写成有较高科学性的民族史学专著，不要成为应时之作。"这种治学精神，成了指导我走学术探索之路的准则而永存心间。1982 年在完成《准噶尔史略》一书后，又开始了 17—18 世纪土尔扈特蒙古政治史的研究。1984 年，我有幸参加由翁独健教授主持的《中国民族关系史纲要》一书的撰写，分工隋唐民族关系史部分，并于 1986 年完成了书稿。通过对卫拉特蒙古史和隋唐民族关系史的研究，我对中国历史上两个最富有特色的唐王朝和清王朝的疆域和民族有了比较清晰的了解。在此期间，我还担任了《民族研究》的编辑和参加《中国历史大辞典》民族史卷的组织和撰写工作，由此不仅锻炼了我的编辑能力，也大大扩展了个人与学界同人的交往，所有这一切均为我日后研究领域的拓展，打下了良好基础。

1987 年加盟中国边疆史地研究中心以来为研究的拓展阶段

1987 年由于工作需要，我离开了已工作、生活 20 余年的民族研究所，以及与我有共同志趣、和谐合作的学术伙伴们，到了创建不久的中国社会科学院中国边疆史地研究中心。为适应新工作岗位的急迫需要，致力于思考并探索推动中国边疆史地研究的学科建设之正确之途，个人的研究领域也从民族史扩大到中国疆域史。具体而言有如下三个方面：

首先，为改变 20 世纪 80 年代中期中国边疆史地研究冷寂的局面，提出了开展中国疆域史、中国近代边界沿革史、中国边疆研究史三大研究系列的构想，并采取了一系列有利于研究深化并行之有效的举措。90 年代以后又主持并参加了当代中国边疆系列调研。在学界同人的共同努力下，具有优良传统的中国边疆史地研究，实现了两个突破：一是突破了以往仅研究近代边界问题的研究范围，开始形成以中国古代疆域史、中国近代边界沿革史和中国边疆研究史三大研究系列为研究重点的研究格局，促成了中国边疆史地研究的大发展；二是突破了史地研究的范围，将中国边疆历史与现状相结合，成果众多，选题深化、贴近现实，由此具有中国特色的中国边疆学的构筑也提上了议事日程。在中国边疆研究勃兴的大背景下，中国边疆史地研究中心也得到了长足的发展。

其次，为适应工作的需要，个人的研究领域也从民族史扩大到中国疆域史，在以下六个研究点上做了些许探索：

一是，中国历代边疆政策和中国疆域发展的综合研究。

二是，清代新疆地方史和新疆探察史研究。

三是，中亚史和新疆周边地区史研究。

四是，东北边疆史，特别是古代中国高句丽历史研究。

五是，当代中国边疆稳定，特别是新疆稳定与发展战略研究。

六是，着力于中国边疆研究的档案文献整理和边疆研究成果大众化、普及化工作。

当然，卫拉特蒙古史的研究始终没有中止。

最后，抓住研究工作面临新的机遇，迎接挑战。2002 年年末，我受邀参加 21 世纪初重大学术文化工程国家清史纂修工程，协助著名清史专家戴逸教授做一些清史纂修工程的组织协调工作，我将此视为一次难得的重新学习清史的机会。

回顾这些年治学的实践，经验谈不上，心得则有五点：

一是，史学工作者必须牢记自身的社会责任，自己的研究成果要力争达到三有利，即有利于学科建设的总体发展目标，有利于自己研究成果生命力的延伸，有利于发挥以史为鉴的社会功能。

二是，求真求实是中国边疆研究的优良传统。所谓求真，即是要追求历史的真实，实事求是永远是研究遵循的准则；所谓求实，我理解是研究者要脚踏实地，面对现实。中国边疆这个研究对象现实感特强，研究者应具有强烈的使命感、责任感。

三是，资料收集是研究的基础，要千方百计掌握第一手资料，包括相关的文献、档案，当事人的记述，同时代的记载，民族文字的记载对边疆研究具有特别重要的意义，而资料的鉴别则是研究的开始，对任何史实，不可不信，又不可全信，而比较是鉴别真伪的可靠方法。

四是，读万卷书，行万里路，对于边疆研究工作者来说实地调查尤为重要，所谓百闻不如一见，到边疆地区走一走、看一看、听一听，大有利于研究的深化。

五是，研究视点选择的正确是研究成功的重要保证。研究中要微观研究和宏观研究兼顾，微观研究是研究的入门，而宏观研究则是研究升华的开始，宁可小题大做，而不可大题小做。研究时要心有全局，尽量使自己的研究成果能做到分则成文，合则成书。

2001 年 8 月，我从中国边疆史地研究中心主任岗位卸任，2010 年退休。但出书、著文、访谈、讲座哪一件也未停下脚步，加之还在国家清史编纂委员会上班，退休前后工作、生活似乎并未发生很大变化，还是做我爱做的事，过着过一天高兴两个半天的日子！

2010 年后近十余年时间里做了值得一记的几件事：

一是，清史纂修历时 20 年，2018 年 10 月完成送审稿的印制，正在全力进行全书整合、修订，争取早日出版面世；

二是，在中国边疆治理研究方面，主编完成了"中国边疆治理丛书"的出版，自己撰写了《中国边疆治理通论》，在当代新疆治理研究方面，坚持撰写"新疆维稳形势年度点评"系列调研报告；

三是，中国边疆学构筑方面，出版了《当代中国边疆研究（1949—2019）》和《中国边疆学构筑札记》；

四是，在边疆知识普及方面，重点是接受媒体访谈和学术讲演，还主编了《塔克拉玛干考察纪实》。

2016年开始筹划并启动"马大正边疆文存"的选编工作。在学术生涯中我是幸运的。自1984年以来我先后出版论文集、专题性学术论集有9种，书名如次（依出版年为序）：

1.《厄鲁特蒙古史论集》（合著），青海人民出版社1984年版。

2.《边疆与民族——历史断面研考》，黑龙江教育出版社1993年版。

3.《中国边疆研究论稿》，黑龙江教育出版社2002年版。

4.《国家利益高于一切——新疆稳定问题的观察与思考》，新疆人民出版社2002年版、2003年修订版。

5.《踱步集——新疆史探微》，兰州大学出版社2003年版。

6.《马大正文集》，上海辞书出版社2005年版。

7.《热点问题冷思考——中国边疆研究十讲》，上海辞书出版社2013年版。

8.《西出阳关觅知音——新疆研究十四讲》，上海辞书出版社2013年版。

9.《中国边疆学构筑札记》，中央广播电视大学出版社2016年版。

10.《卫拉特蒙古历史论考》，西北大学出版社2020年版。

此次构思"马大正边疆文存"依如下两原则：

一是，基本反映自己有关边疆研究成果的主要方面；

二是，从选题到选文力图减少与已出版过的论文集、专题性学术论集的重复率。

"马大正边疆文存"共五卷，各卷为：

第一卷 《中国边疆学构筑论衡》

第二卷 《中国边疆治理与历史上民族关系研究》

第三卷 《新疆大历史的观察与思考》

第四卷 《新疆探察史研究》

第五卷 《序跋与评议汇选》

　　中国边疆研究涉及内容丰富多彩。"上下五千年，东西南北中"，似苍穹，似大海。而自己 40 余年研究所涉猎内容虽大都当在其中，但似星辰，似浪花。研究工作优劣成败，应由社会评说，我只是做了自己乐意做的工作，在自己的岗位上尽了责、出了力。

　　文存付梓在即，我有太多的感激要表达：

　　要感激育我成长的老师、助我前行的同辈学友，还有激我奋进的年轻才俊；

　　要感激促我"文存"编选的新疆人民出版社和老友罗沛同志；

　　要感激保我"文存"得以面世的中国社会科学出版社和赵剑英、王茵两位，还有辛苦认真的"文存"责任编辑吴丽平博士！

　　如果收入本"文存"的拙作于读者尚有些许参阅价值，乃人生之大幸矣！

2022 年 8 月

于北京自乐斋

前　言

自 1997 年我在与刘逖合著的《二十世纪的中国边疆研究——一门发展中的边缘学科的演进历程》一书对构筑中国边疆学提出了六点思考后，时光匆匆近四分之一世纪，我对中国边疆学构筑的思考始终未中断，除 2016 年先后出版了《中国边疆学构筑札记》（中央广播电视大学出版社）和《当代中国边疆研究（1949—2014）》（中国社会科学出版社）① 外，还陆续发表了近 30 篇有关中国边疆学构筑思考的文章，本集从中选了 14 篇结集，取书名为《中国边疆学构筑论衡》，作为"马大正边疆文存"第一卷。

为记录我对中国边疆学构筑这一命题思考深化的进程，每篇收录论文均以发表年代先后为序，对所收录之文章内容保持发表时的原貌，仅对明显错误处作了改正；同时，为方便读者研读，在每篇文章篇末撰写了"解析"：解写作之背景、析所论之要点与重点。并将两篇有关中国边疆学构筑的访谈稿作为附录收入本卷，以供读者参阅。

若本书能对当今方兴未艾的中国边疆学构筑的学术探索起些许助推作用，斯愿足矣！

2022 年 6 月 15 日

于北京自乐斋

---

① 该书 2019 年又补充再版，题名为《当代中国边疆研究（1949—2019）》。

目　录

面向未来的中国边疆研究

面向未来的中国边疆研究有两层最基本的含义：中国边疆研究不但追寻中国边疆历史发展的轨迹，还应探求中国边疆发展的未来；中国边疆研究不仅拥有丰富的历史遗产，还要开拓宽广的未来道路。相对蓬勃发展的相关学科使我们认识到中国边疆研究发展中的不足与滞后，因此我们也就更寄希望于中国边疆研究的未来。

我们讲面向未来的中国边疆研究，首先要探讨面向未来的中国边疆研究是一门什么样的学科，即包括该学科的研究对象、研究方向和学科价值等。

人们一般将学术的分类称为学科，指一定的科学领域或一门科学的分支。例如，研究和阐述人类社会发展的具体过程及其规律性的科学为历史学；研究地球表面，即人类生活在其中的地理环境的科学为地理学；研究人类的社会生活及其发展的科学为社会学；等等。如果对这些学术活动做进一步的分类，我们即可观察到两种情况，一是几乎所有学科都有自己的分支学科，所以产生分支学科是因为一门学科领域总会有其不同的方面，分支学科就是在研究这些不同方面时形成的；二是一门学科的不同方面通常又有与其性质相近的其他学科，而这些相应学科的研究方法对于该分支学科来讲又有其重要意义，从而往往被引用过来，这样就出现交叉学科。

在分析学术领域分类剖面的基础上，还可以进一步观察学科发展演进的一般规律。人类最初具有的知识是非常笼统的。随着人类的不断进步，知识也就越来越专门。学科领域分类也经历了一个由笼统到分门别类的演变过程。这就如同小学生先要学常识课，后再学自然课，到中学时就要学物理、化学课等。一门学科可以发展出许多分支学科，一些分支学科又可能发展成独立的学科（如社会学中的对某些社会现象如人口、民族、宗教等的研究就发展成相应独立的学科）；不同学科也可以发展演变出新的边缘交叉学科。大量新兴分支学科和边缘学科的出现是现代学术进步的重要标志，这也就是说由朦胧的学术研究演进为精细的研究和在精细研究的基础上发展出新的交叉研究，这一分一合都体现了学术研究的进步。

前面我们叙述了学术分类与发展的一般情况，在现代学术研究领域还可常见另一种学术分类与发展的情况，这就是在特定的学术领域将相关部门的知识结合起来而形成的学科。例如人们所熟悉的满学、蒙古学、阿尔泰学、藏学、傣学、敦煌学、吐鲁番学等就是这一类型的学术分类。这种学术分类在国际学术界也很流行，例如在世界古典文明研究领域就有著名的埃及学、亚述学等。

依上述两种不同学术分类而成的两类学科在学科研究对象、研究方法和研究价值等方面均有不同的特点：在研究对象方面，前者针对的是抽象的领域，而后者则有具体的范围；在研究方法方面，前者有独特的学科方法体系，而后者则多利用多种前一类学科方法组合而成；在学科价值方面，前者在其特定及其相关领域具有普通的价值，而后者则在明确的范围内具有特殊的价值。例如，历史学的研究领域是人类社会发展的具体过程及其规律，这里涉及的都是抽象的概念；历史地观察局部具体问题是历史学的基本研究方法，这种独特的研究方法体系是跨越一切史学流派方法之上的，如不具备这一特点，也就不能称其为历史研究；历史学在人类社会发展研究领域具有普遍的价值，在与其相关的政治、经济、文化、社会等研究领域也有普遍的价值。再例如，以中国古代边陲重镇与中西交流枢纽敦煌、吐鲁番为研究对象的敦煌学、吐鲁番学的研究范围是非常具体的；其研究方法则汇集了历史、地理、考古、语言、艺术等相关学科的方法；敦煌学、吐鲁番学在其明确的范围内具有特殊的价值，当然这种特殊价值也包括经研究而被定位的敦煌、吐鲁番在与外部联系中的参考和比较分析的价值。

在上述学术分类之一般辨析的基础上，现在我们有可能研讨面向未来的中国边疆研究能否成为一门独立的学科和成为一门什么类型的学科这一关键问题了。

中国边疆研究具有相对明确的研究对象，具有众多学科研究方法的支持，具有特殊学术价值与社会价值，因此中国边疆研究可以并正在发展为具有独立学科地位的中国边疆学。

中国边疆学是一门什么类型的学科，显然中国边疆学属于前文所述后一种学术分类类型。中国边疆学在学术分类类型方面与敦煌学、吐鲁番学等有相似之处，但中国边疆学也有其自身明显的学科特点：

其一，中国边疆是中国统一多民族国家长期发展的历史产物，是中国统一多民族国家中密不可分的有机组成部分，因此中国边疆学也只能是中国学的有机组成部分。

其二，中国边疆学有自己明确的研究对象即中国边疆，但中国边疆却是一个建立在众多具体的客观实在基础之上的抽象概念，而且正如我们在绪论部分所述，中国边疆也只是一个相对清晰的历史的和现实的概念。因此中国边疆学在研究对象方面较敦煌学、吐鲁番学面临着更为复杂的局面，逐步加深对中国边疆学研究对象的认识正是中国边疆学所要完成的重要任务，这就如同历史学的重要任务就是要不断加深对其研究对象——人类社会发展的认识一样，并不因其研究对象的相对模糊而影响其学科独立存在的地位。

其三，中国边疆学同其他一切科学研究一样，都要积极吸纳、借鉴一切相关学科的有用方法和研究成果，这既包括历史学、地理学、社会学等类型的，也包括敦煌学、吐鲁番学等类型的。坚持多学科多视角的研究就是中国边疆学研究方法的基本特点；坚持不孤立地观察中国边疆问题，而是将中国边疆问题放在中国统一多民族国家发展与中国在世界格局中的地位、作用的大背景下进行研究，这也是中国边疆学研究方法的基本特点。

其四，中国边疆学与敦煌学、吐鲁番学一样，在其明确的范围内具有特殊的价值；但是中国边疆学的特殊价值首先体现于对中国统一多民族国家的认识，其次体现于对中国边疆及其各个局部的认识，再其次体现于对边疆这一抽象的人类社会历史产物的认识。中国边疆学所具有的特殊价值是任何一门其他学科所无法替代的。

基于近百年来中国边疆研究发展的积累，尤其是 80 年代以来中国边疆史地研究的兴旺，当代中国边疆问题研究日益为人们关注，中国几代学者心想神往的中国边疆学的学科框架构筑重新提上当今研究者思考的议事日程，对此，我们愿提出六点构筑学科的思考要点：

一是，中国边疆研究，应以中国边疆学来定名。

二是，中国边疆学，以研究中国边疆及其发展规律，进而全面揭示中国统一多民族国家形成、发展规律为主要任务。

三是，中国边疆学是一门综合性学科，属于社会科学的一个分支，但也包括自然科学的部分内容。

四是，中国边疆学内涵包括中国边疆的历史、政治、经济、民族、军事、社会、文化等人文科学及社会科学领域的研究；也包括中国边疆的自然环境、生态环境等自然科学领域的研究。

五是，中国边疆学在研究方法上，不仅包含了传统的历史学、地理学，由于考古学、政治学、人类学、社会学、经济学、宗教学、语言学、心理学，以及某些技术学科的介入，中国边疆学不仅是一门学科群体，而且又是一门交叉学科、边缘学科。

六是，在当前的条件下，根据历史和现实，基础和应用相结合的原则，可考虑大体上将中国边疆学的分支学科初步分列为：历史、考古学科，语言、文字学科，社会、人类学科，政治、法律学科，宗教、哲学学科，文学、艺术学科，经济学科，生态环境学科等。当然，中国边疆学作为一门学科，自身学科体系的构筑与完善，各个分支学科问题的逻辑结构和相互关系，以及学科的理论、方法、术语，均需要实事求是进行思考和探索。学科体系、框架的建立和完善是同学科发展的一定程度相适应的。中国边疆学框架的构筑只有在中国边疆学发展的进程中逐步得以确立和完善。

前面我们从理论上简略地分析了中国边疆学这一面向未来的新兴学科，在此基础之上再来前瞻一下中国边疆学未来发展的道路。中国边疆学从理想（是有根据的、合理的想象而非空想或幻想）到现实，要做好从继承到创新，从分工到合作、从自然到自觉的转化关。中国边疆学研究前期已有长时间、大规模各类中国边疆研究积累的基础，还要在这一仍在不断扩大发展的基础上创出中国边疆学研究的新路；不但要有在各学科领域对中国边疆进行研究的分工，还要有各方面参与中国边疆学研究的合作；要逐步将以自然应变为主的研究转化为以自觉应变为主的研究。为了做好上述转化关，我们认为处理好以下三方面辩证关系是至关重要的。

第一，研究中国边疆与中国边疆学研究的关系。研究中国边疆有两层基本含义，对客观上组成中国边疆的任何部分的任何视角研究从广义上讲都是研究中国边疆；而从狭义上，研究中国边疆要建立在其研究对象被认定为中国边疆及其组成部分的基础上。那么是否狭义的研究中国边疆就是中国边疆学研究呢？事实上问题并不这样简单。广义的中国边疆研究有非常悠久的历史和大量成果积累，狭义的中国边疆也有悠久的历史和大量成果积累，如果刚才的假设能够成立，那么中国边疆学研究早应有相当规模的发展了。然而中国边疆学研究与研究中国边疆究竟是什么关系？显然这二者之间是有密切联系的，但其区别在哪里？我们认为：中国边疆学研究的基础无疑是明确地对中国边疆及其组成部分的研究，但绝不排斥任何广义的中国边疆研究（不管其是正面意义的或是反面意义的）；广义的中国边疆研究可以是自然的、无序的，但中国边疆学研究则是自觉的、有序的研究；中国边疆学不但要构筑自身学科的研究核心，还要编织与广义中国边疆研究以及其他相关研究之间的联系纽带。本应有机结合起来的中国边疆学研究体系尚存在许多结构脱节之处——其中最重要的是学科核心与外围的脱节，做好这个转化关，对于中国边疆学的前途是尤为重要的。

第二，研究工作服务社会要求与发展中国边疆学学科的关系。任何一项学术研究工作都是要服务于社会需求的，中国边疆学作为一门与社会发展密切相关的学科当然也不能例外。但社会需要也是一个相当复杂并且存在相当长时期的问题（包括长时期地存在复杂问题和一个复杂问题存在一个很长的时期），长期性导致问题的进一步复杂化。中国边疆学研究要服务于中国社会发展的需要，这种爱国主义的服务功能又可体现于保卫国家、建设国家、满足人民物质与精神生活需要、加强中国与世界的联系等一系列方面，发展中国边疆学研究事业也在这一系列需要之列。在实践中，中国边疆研究在有的历史时期较易直接为社会提供服务，从而自身也得到较好发展；有时较难直接为社会提供服务，自身发展也遇到较多的困难，在 20 世纪中这样的事例就有许多。我们认为，处理好服务社会和发展学术的关系要从两个方面入手，中国边疆学研究应坚持实事求是的科学精神，努力在自身发展的基础上服务社会发展的需要；社会则应正确地理解中国边疆学研究作用与功能，给其予正确的社会定位，为这项有价值的学术研究事业创造有利的外部环境。长期以来，特别是 20 世纪以来的历史证明了中国边疆研究的命运是和中国的命运荣辱与共、兴亡共享的。

第三，把握好中国边疆学研究的客体如何同国际学术界接轨的关系。中国边疆学研究对象是中国边疆，这是首要的，也是最重要的。首先是将中国边疆历史与现状作为一个研究整体来研究，其次才是对中国边疆的某一局部、某一方面进行研究。坦率言之，国际学术界目前尚未认识到这一点，更不用说运用于自己研究中。纵观百余年来西方的、俄国的、日本的几代学者，研究有关中国边疆的论著可谓多矣，毫不夸张地说，将他们著作的目录要编成索引，也是一项艰难的工作。可是我们从这成千上万的著作中，寻找将中国边疆作为一项完整研究客体进行研究的并不多，美国人拉铁摩尔的《中国的边疆》一书算是此类作品中的瞩目者，尽管其间不乏西方学者对中国历史的偏见。时至今日，国际学术界关于阿尔泰学、满学、蒙古学、藏学等研究热闹非凡，而上述这个学、那个学，确与中国边疆学有着千丝万缕关系，我们应下大力推动这些研究领域的进展。但随着国际学术交流的开展，我们首先应坚持把握中国边疆整体研究的视角，并不断拿出高质量的成果；其次是在具体领域、具体问题上完成更多的项目。切忌为了追求单纯的接轨点而放弃或不重视已开始形成的将中国边疆作为研究客体的基本出发点。

解析：

1997 年我与刘逖合著《二十世纪的中国边疆研究——一门发展中的边缘学科的演进历程》由黑龙江教育出版社出版。本文是该书第四篇余论中三题之一，其余两题是："有生命力的中国边疆研究""当代中国边疆研究者的历史使命"。本书 1989 年立题，资料准备、大纲拟定到写作，历经 7 年，于 1996 年 4 月间成文。在本题中我们对构筑中国边疆学提出了六点思考，成为日后在此问题探索的最始出发点。

需要说明，本文的写作内容是我和刘逖共同商议、反复推敲的，执笔者是刘逖。刘逖 1987 年加盟调整后的边疆中心，为推动中国边疆研究和边疆中心工作做了大量切实有效的工作，包括了个人的研究和开放性研究中心的科研组织工作，他撰写的《中国古代传统治边思想论》得到了业界的关注与好评。遗憾的是正当刘逖在中国边疆研究领域取得良好业绩之时，他为争取有更广阔的学术活动平台调离了边疆中心，对中国边疆研究再也无心真正顾及了！

从中国边疆研究的发展到中国边疆学的构筑

中国是一个有着悠久历史的文明古国，不但拥有辽阔的中原腹地，而且拥有广袤的边疆地区，中国边疆是中国统一多民族国家十分重要且不可分割的组成部分。中华民族就是在这片土地上逐步发展起来的。勤劳勇敢的各族人民共同创造了灿烂的中国历史，其中也包括了边疆地区发展的历史。

研究中国边疆有着悠久的发展史，我们的先人留下了大量著述。进入20世纪以后，中国边疆研究经历了三个发展阶段：从20世纪初到40年代，中国边疆研究在逐渐实现由近代发展阶段向现代发展阶段的过渡中，出现了始于20年代末的边疆史地研究的发展高潮；1949年中华人民共和国成立，中国学术界的边疆研究进入了一个新的发展阶段，这时的中国边疆研究（主要是在中国边疆史地研究方面）在指导思想的转变、研究重点的转移、研究成果的分布等方面都出现了新的局面，但与此同时，由于受大环境的影响，对边疆研究对象人为地割裂和某些禁区的形成也极大地影响了中国边疆研究的深入；20世纪80年代以后，解放思想，实事求是与百花齐放、百家争鸣成为中国边疆研究进入新的发展阶段的重要特征，迎来了新的研究高潮的到来，中国边疆研究实现了两个突破：一是突破了仅仅研究近代边界问题的狭窄范围，开始以中国古代疆域史、中国近代边界沿革史和中国边疆研究史为研究重点，促成了中国边疆史地研究的大发展；二是突破了边疆史地的研究范围，将中国边疆的历史与现状相结合，直面当代中国边疆面临的新状况、新问题，将基础研究与应用研究有机地结合起来。

中国边疆研究的发展现状，使中国边疆研究面临新的定位：将中国边疆作为统一多民族国家的有机组成部分，作为一个完整的研究客体，并对此进行历史的和现状的研究。总之，中国边疆研究发展的前景，即是中国边疆研究不但要追寻边疆历史发展的轨迹，还应探求边疆发展的现实和未来。

中国边疆研究面临的历史使命，需要有多学科的协力进行。中国边疆研究的深化离不开历史学、考古学、语言学、地理学、宗教学、哲学、文学、民族学、文化人类学、体质人类学、社会学、政治学、经济学、人口学、心理学、生态学等学科学者的参与。因此，中国边疆研究实现向构筑中国边疆学的飞跃，既是学科发展的必然，也是时代的要求。

基于近百年来中国边疆研究发展的积累，尤其是 80 年代以来中国边疆史地研究的兴旺，当代中国边疆问题日益为人们关注，中国几代学者努力神往的中国边疆学的学科框架构筑重新提上议事日程。笔者以为以下五个方面可作为构筑中国边疆学学科框架的思考要点：

一是中国边疆研究应以中国边疆学来命名；二是中国边疆学是一门综合性学科，属于社会科学的一个分支，但也包括自然科学的部分内容；三是中国边疆学要通过研究中国边疆的历史和现状，进而全面揭示中国统一多民族国家形成、发展的规律和探求维护国家统一、边疆稳定、民族团结的治国安邦之策；四是中国边疆学的内涵应包括中国边疆的历史、政治、经济、民族、军事、社会、文化等人文科学和社会科学领域的研究，还应包括中国边疆的自然环境、生态环境等自然科学领域的研究；五是中国边疆学在研究方法上不仅包括传统的历史学、地理学，还因为考古学、政治学、人类学、民族学、社会学、经济学、宗教学、语言学、心理学以及某些技术学科的介入，使中国边疆学不仅成为一门学科群体，而且又是一门交叉学科、边缘学科。

当然，中国边疆学学科框架的构筑以及内涵、外延、特点、功能、方法尚需进行缜密的思考、大胆的探索。它的构筑只有在中国边疆研究发展的进程中逐步得以确立和完善。

解析：

本文刊登在《光明日报》1999 年 1 月 8 日，文中对中国边疆史地研究深化的回溯，实际上是刊登在《历史研究》1996 年第 4 期上拙文《二十世纪的中国边疆史地研究》的压缩版，文中还从五个方面简论了构筑中国边疆学科框架的要点。只是未提及《面向未来的中国边疆研究》中六点思考中之"六"。

中国边疆研究：回顾与前瞻

中国边疆是统一多民族国家长期发展的历史产物，也是中国统一多民族国家十分重要且不可分割的组成部分。正如中国边疆发展经历了一个漫长的历史过程一样，中国边疆研究也有长达两千年以上的历史。进入 20 世纪后，中国边疆研究大致经历了三个发展阶段：从 20 世纪初到 40 年代末，中国边疆研究逐渐实现由近代发展阶段向现代发展阶段的过渡，并出现了始于 20 年代末的边疆研究高潮；1949 年新中国成立以后，中国边疆研究（主要是在中国边疆史地研究方面）在指导思想的转变、研究重点的转移、研究成果的分布等方面均出现了新的局面；80 年代以后，以解放思想、实事求是与百花齐放为重要特征，中国边疆研究进入新的发展阶段，迎来了新的研究高潮。

一 20 世纪前半叶

中国边疆研究在 20 世纪前半叶进入了一个新的发展阶段。即从传统的边疆史地研究向一门发展中的现代边缘学科演进的阶段，以下两个方面是应予重视的。

（一）在爱国救亡运动中发展的中国边疆史地研究

从中国边疆整体角度观察研究问题是这一时期中国边疆研究取得重要进展的突出体现。华企云撰著的《中国边疆》，是较全面地论述中国边疆问题的第一部专著。该书的撰写与出版在 20 世纪中国边疆研究发展史中具有重要意义。这一时期还有一批研究中国边疆问题的专著问世，而论述中国边疆的论文数量则更多。众多著作出版的时间几乎遍布 20 世纪前半叶的 50 年，但以 30 年代最为集中，从一个侧面反映了形成于此时的研究高潮。这一高潮与当时爱国救亡运动的发展密不可分。

（二）在中国社会近代化进程中发展的中国边疆史地研究群体

20 世纪前半叶中国边疆研究新的群体逐步形成，研究活动已不再仅仅是研究者的个人行为，社会化的发展趋势十分明确，既有民间学术团体，也有官方、半官方研究组织。1909 年 9 月，一个基础广泛、与中国边疆局势及边疆研究密切相关的现代学术团体诞生了，这就是中国地学会。中国地学会是仅有的成立于清代的三个科学团体之一，除抗日战争时期学会被迫停止活动外，一直存在到 1950 年汇入新成立的中国地理学会。

禹贡学会是继中国地学会以后成立的又一个对 20 世纪前半叶中国边疆史地研究产生过重大影响的学术团体。禹贡学会正式成立于 1936 年 5 月 24 日。发起与倡导者是顾颉刚和谭其骧，而顾颉刚是最重要的组织者。1937 年抗日战争爆发后，禹贡学会的工作被迫停顿下来。1946 年 3 月，学会恢复活动。1952 年 2 月，学会结束了业务活动。禹贡学会的学术成绩，主要得益于学会拥有一流的学术活动组织者和一批学有专长的学术带头人及骨干。

二 20 世纪 50 年代至 70 年代

在中国当代历史上实际是指从中华人民共和国成立至"文化大革命"结束的 27 年。

从史学研究领域的发展看，马克思主义史学成为中国历史学的主流，中国历史学所取得的成就，不仅在理论方面，而且在具体研究的广度与深度方面，都是前人无法企及的。这一时期，与中国边疆史地研究密切相关的帝国主义侵华史，特别是中国民族史研究得到了相当大的发展。

1956 年，根据党中央指示，在全国人大民委领导下，组成八个省（区）的社会历史调查组，到少数民族地区进行社会历史调查，抢救民族地区原始社会形态、奴隶社会形态和农奴制度下的经济、文化、生活习俗等方面资料，并提出了在调查基础上编写 55 个少数民族简史和简志的任务。这些被调查的少数民族地区大部分是边疆。经过几年努力，调查组搜集了几千万字的资料，还搜集了历史文献、档案资料近两千万字，摄制了十几部保留三种社会形态的民族科学纪录影片。至 1962 年，编写少数民族简史工作取得进展，在初稿基础上写出了修改稿或征求意见稿。

应该指出的是，这一时期中国边疆研究的总体性、完整性和重要性尚未为研究者所认识，即使是具有优良传统的中国边疆史地研究也遭到冷落。究其主要原因，一是立国之初，外患未消，中国边疆史地研究涉及外交政策、民族政策，以及诸如边界走向等敏感问题，研究禁区大量存在，政府决策与学术研究两者界限不清，制约了中国边疆史地研究的正常开展；二是对待学术遗产存在简单化倾向，造成当时对 20 世纪上半叶中国边政研究采取简单否定、摒弃的态度，中国边疆史地研究在学术研究中鲜被提及。

三 1978 年党的十一届三中全会以后

中国学术界迎来了"科学的春天"。与中国边疆史研究密切相关的中外关系史、中国民族史以及断代史、历史地理、边疆考古诸研究领域得到蓬勃发展，促进中国边疆史地研究开始了新的起步。其标志之一，是 1983 年 3 月中国社会科学院中国边疆史地研究中心的成立。这个研究中心是新中国成立以来第一个以中国边疆为研究对象的专门研究机构。

基于学科建设的需要，中国边疆史地研究中心提出，应着重研究下述三个方面：中国古代疆域史，中国近代边界变迁史，中国边疆研究史。

中国古代疆域史，其研究内涵十分丰富，尤其是其中的中国古代边疆政策，是一个带全局性的研究课题。开展中国近代边界变迁史的研究更是刻不容缓。除积极编撰多卷本的《中国近代边界变迁史》外，还应开展多界面、多层次的专题研究，诸如地区性的边界变迁史，近代不平等条约与边界问题，近代中国边疆危机与中外诸方对策，近代边疆危机与边疆社会变化，等等。从史学史角度系统收集与评述 20 世纪以来中国学者研究中国边疆史地的成果，也是一件值得下大力气的工作。至于国外研究的进展更不可忽视。通过了解国外研究现状，可以加快中国边疆史地研究的发展。

1987 年以来，中国边疆史地研究中心主办的学术专栏和编印出版的多种期刊、丛书、丛刊，成为当代中国史坛刊发以中国边疆史地为研究客体的研究成果的主要园地。1991 年创刊的《中国边疆史地研究》，集中发表有关中国古代疆域史、近代边界史、边疆研究史和当代边疆问题的研究论文。为推动边疆史地研究，自 1988 年始，中国边疆史地研究中心组织出版了五套丛书、丛刊，其中"边疆史地丛书"自 1990 年出版以来，已初具规模。这套丛书选目除专著外，还包括译著和资料集。这些著作的出版，大大丰富了中国边疆史地研究，有助于推动边疆史地研究向纵深方向发展，有助于促进人才培养和在全国形成一支比较稳定的、具有较高水平的研究队伍。

80 年代以来，中国学者在中国边疆史地研究的众多领域进行了探索，至少在以下六个方面的研究上取得了喜人成绩：一是对中国边疆研究的理性思考；二是历史上的中国疆域；三是中国封建王朝边疆政策；四是中国封建王朝民族统治政策；五是近代中国边患与边界问题；六是近代中国边疆研究的思潮、群体、学者和著作。

在改革开放的四十多年中，中国边疆研究实现了两个突破：一是突破了仅仅研究近代边界问题的狭窄范围，开始以中国古代疆域史、中国近代边界沿革史和中国边疆研究史为研究重点，促成了中国边疆史地研究的大发展；二是突破了边疆史地研究范围，将中国边疆的历史与现状相结合，直面当代中国边疆面临的新情况、新问题，将基础研究与应用研究有机地结合起来。

四 中国边疆学的学科框架构筑提上议事日程

近百年来中国边疆研究的积累，尤其是 80 年代以来中国边疆史地研究的兴旺，使当代中国边疆问题日益为人们关注，中国边疆学的学科框架构筑重新提上议事日程。首先是理论问题。中国边疆理论研究包括陆疆、海疆，与边界的理论问题，通过中西理论的比较、历史与现实的贯通和理论与实际的结合，探索中国边疆历史发展与统一多民族国家形成的发展规律，形成以马克思主义为指导、有中国特色的边疆学理论体系。

21 世纪中国边疆学面临新的定位，即将中国边疆作为一个完整的研究客体，并对此进行历史和现状的研究。中国边疆学科的框架为：一是中国边疆研究应以中国边疆学来命名；二是中国边疆学是一门综合性学科，属于社会科学的一个分支，但也包括自然科学的部分内容；三是中国边疆学要通过研究中国边疆的历史和现状，进而全面揭示中国统一多民族国家形成、发展的规律和探求维护国家统一、边疆稳定、民族团结的治国安邦之策；四是中国边疆学的内涵应包括中国边疆的历史、政治、经济、民族、军事、社会、文化等人文科学领域的研究，还应包括中国边疆的自然环境、生态环境等自然科学领域的研究；五是中国边疆学在研究方法上不仅包括传统的历史学、地理学方法，还因为考古学、政治学、语言学、心理学以及某些技术学科的介入，使中国边疆学成为一门交叉学科、边缘学科。

中国边疆研究在努力完成中国边疆学构筑的同时，从学科而言，在研究实践中历史学仍将是边疆研究的重要的基础研究领域，但应将中国边疆作为一个整体，运用社会学、民族学、政治学、法学等学科整合的方法来进行中国边疆历史和现实问题的综合研究。在今后相当长一段时间内，以下十个研究方向应引起人们更多的关注，它们是：中国边疆学理论、中国封建社会藩属研究、中国历代边乱与边政研究、中国边疆治理史、中国边疆探索史、中国边疆研究史、中国近代边务研究、中国海疆论纲、当代中国边界问题研究、当代中国边疆治理研究，等等。

解析：

本文刊登在《人民日报》1999年10月23日。文中在简论了中国边疆学科的基本框架后，指出："从学科而言，在研究实践中历史学仍将是边疆研究的最重要的基础研究领域，但应将中国边疆作为一个整体，运用社会学、民族学、政治学、法学等学科整合的方法来进行中国边疆历史和现状问题的综合研究。"

思考与行动

——以边疆研究深化与边疆中心发展为中心

一 中国边疆学的建立是中国边疆史地研究学科发展的必然趋势

边疆史地研究作为重要的学术领域之一，20 世纪 80 年代以来，尤其是进入 90 年代后，这方面的研究成果以其独特的学术价值，日益成为研究的热点为史家和社会各界关注。中国边疆史地研究进入一个新的发展高潮，其重要标志是中国边疆史地研究实现了两个突破：一是突破了以往仅仅研究近代边界问题的狭窄范围，开始形成了以中国古代疆域史、中国近代边界沿革史和中国边疆研究史三大研究系列为研究重点的研究格局，促成了中国边疆史地研究的大发展；二是突破了史地研究的范围，将中国边疆历史与现状相结合，形成了成果众多、选题深化、贴近现实的特点。

以马列主义、毛泽东思想和邓小平理论为指导是中国边疆史地研究的基本指导思想；维护国家统一、民族团结和社会稳定是中国边疆史地研究遵循的最高政治原则。可以说上述指导思想和政治原则已成为中国边疆史地研究者的共识，并贯彻于研究实践之中。

中国边疆史地研究的发展现状，促使中国边疆史地研究的内涵和外延要有新的定位：将中国边疆作为统一多民族国家的有机组成部分，作为一个完整的研究客体，并对此进行历史的和现状的综合研究。中国边疆研究发展的前景，应是中国边疆研究不但要追寻边疆历史发展的轨迹，还应探求边疆发展的现实和未来。

为此应该着力做两件事：

一是，加强理论研究。中国边疆理论问题包括陆疆、海疆与边界的理论问题，通过中西理论的比较、历史与现实的贯通以及理论与实际的结合，探索中国边疆历史发展与统一多民族国家形成的规律，形成以马克思主义为指导的、有中国特色的边疆学理论体系。

二是，进行中国边疆学的构筑。以下五个方面可作为构筑中国边疆学学科框架的思考要点：一是中国边疆研究应以中国边疆学来命名；二是中国边疆学是一门综合性学科，属于社会科学的一个分支，但也包括自然科学的部分内容；三是中国边疆学要通过研究中国边疆的历史和现状，进而全面揭示中国统一多民族国家形成、发展的规律和探求维护国家统一、边疆稳定、民族团结的治国安邦之策；四是中国边疆学的内涵不仅应包括中国边疆的历史、政治、经济、民族、军事、社会、文化等人文科学和社会科学领域的研究，还应包括中国边疆的自然环境、生态环境等自然科学领域的研究；五是中国边疆学在研究方法上不仅包括传统的历史学、地理学，还因为考古学、政治学、人类学、民族学、社会学、经济学、宗教学、语言学、心理学以及某些技术学科的介入，使中国边疆学不仅成为一门学科群体，而且又是一门交叉学科、边缘学科。

当然，中国边疆学学科框架的构筑以及内涵、外延、特点、功能、方法尚需进行缜密的思考、大胆的探索。它的构筑只有在中国边疆研究发展的进程中逐步得以确立和完善。

二 "九五"科研规划实施后的边疆中心

由边疆中心制定并得到中国社会科学院批准的边疆中心"九五"科研规划中，确定了"九五"期间我们研究工作的重点：

一是，以中国边疆史地研究为基础，开展中国古代疆域史、中国近代边界沿革史、中国边疆研究史三大研究系列的综合性研究。

二是，开展当代边疆地区的稳定和发展，重点进行新疆地区反分裂斗争、中朝关系发展走向对东北边疆地区的影响和南海诸岛与北部湾等问题的对策性和预测性研究。

三是，开展中国边疆理论研究和中国边疆学理论研究。

通过科研实践，我们认为：这一规划是依据社会现实对中国边疆研究的需要、中国边疆研究学科建设和发展的需要，以及中国社会科学院已确定边疆史地研究为重点扶持学科的实际而制定的。它在相当的高度上浓缩了本学科研究的性质、任务和发展方向，不仅具有较强的前瞻性，而且具有较好的可操作性。从总体上来看，"九五"规划中所确定的总体目标依然符合当前社会发展和学科发展的需要。

首先，在基础研究上，中国古代疆域史、中国近代边界沿革史和中国边疆研究史三大研究系列，无疑是边疆中心学科建设和发展中最基本也是最重要的研究客体。由边疆中心科研人员承担的《中国古代疆域史》《中国近代边界沿革史》《20世纪的中国边疆研究》三项国家社科基金课题的相继完成，为围绕三大研究系列继续深入地开展研究奠定了坚实的基础，开创了良好的局面。同时，从已经结项的情况来看，它们不仅填补了各自领域的学术研究空白，而且以综合性、系统性、科学性的特点，成为目前国内同类研究中的优秀作品，对学科建设和发展、对推动全国边疆史地研究，均起到了举足轻重的作用。可以相信，三大研究系列作为边疆史地基础研究的主脉，将是当前乃至今后该领域研究中最主要的方向。

其次，在应用研究上，边疆中心以高度的政治敏锐性和高度的社会责任感，密切关注影响边疆地区稳定和发展的重大现实问题，尤其在新疆地区反分裂斗争、东北边疆地区问题、云南禁毒工作和南海诸岛主权问题等方面取得一系列重要成就。从应用研究本身的特性和所产生的良好的社会效益上而言，我们认为它不仅丰富了本学科的学术内涵，而且充分发挥了社科研究服务于现实社会的功能。由于在"九五"规划中我们科学地界定了应用研究的重点，并将其与基础研究有机地结合起来，所以适应了当前社会发展和学科发展的需要，有巨大的研究潜力和发展势头。

最后，中国边疆理论研究和边疆学理论研究，无论从当前社会发展而言，还是从学科建设与发展而言，均具有重大意义。前者包括陆疆、海疆与边界的理论问题，通过中西理论的比较、历史与现实的贯通和理论与实际的结合，探索中国边疆历史发展与统一多民族国家形成的发展规律。后者侧重基础理论，包括概念与范畴、学科性质和任务、体系的功能等，建立以马列主义为指导的、有中国特色的中国边疆学理论体系。加强理论研究，是学科发展必需的，而且在学术研究和社会发展两个方面均有指导性作用。从面向未来、面向21世纪的高度出发，我们认为中国边疆学面临新的定位，即将中国边疆作为统一多民族国家的有机组成部分，将中国边疆作为一个完整的研究客体，并对此进行历史和现状的研究。

还应指出，目前边疆史地研究的内涵正在扩大和深化，由于现实生活不断提出新的问题要求学者正视并回答，因此历史上的难点问题和现实中的热点问题层出不穷，边疆史地研究正在向边疆研究过渡，当代边疆问题日益成为研究的重点。始于 20 世纪 90 年代的边疆中心对当代中国边疆稳定问题的研究不仅符合于这种客观形势发展的需要，而且以自己的研究实践又推动了边疆研究中应用研究的启动和发展。

边疆研究中基础研究与应用研究的同步发展，为人们更好认识边疆史地研究在边疆研究中的地位和边疆研究的科学内涵，从而激发人们对构筑中国边疆学的思考，提供可贵的科研实践。

三 边疆中心十年的事业发展规划

（一）指导思想和发展目标

边疆中心 10 年来事业发展的指导思想可归结为：一个出发点、两个服务、三个坚持。

一个出发点：为 21 世纪完成中国边疆学的构筑总目标努力；

两个服务：为边疆研究学科建设服务，为中国边疆稳定服务；

三个坚持：坚持基础研究与应用研究并重；坚持精品战略，出成果出人才；坚持面向社会，实施开放性科研工作方法。

边疆中心 10 年事业发展的目标将紧紧围绕铁映院长提出的，关于"建设一批国际知名的研究所，培养出一批享誉海内外的学术'大家'，推出一批对国家重大决策和学科建设具有重要价值的科研成果"的跨世纪发展目标为努力方向，努力将边疆中心办成为研究中国边疆的权威性学术中心。

（二）科研任务和课题

一是，重点研究领域。从学科而言，历史学仍将是边疆中心最重要的基础研究领域，但应将中国边疆作为一个整体探索，运用社会学、民族学、政治学、法学等多学科整合的方法来进行中国边疆历史和现实问题的综合研究。

从边疆地域而言，在开展中国边疆历史和现状综合研究的同时，新疆、西南、东北和海疆将成为重点研究地区。

二是，重点研究课题。在边疆中心现有研究积累和可预见达到的研究实力的论证和预测基础上，以下 18 个方面，应成为未来 10 年内完成和出版的重点研究课题：中国边疆学通论、中国边疆通史（多卷本）、中国古代疆域史、中国近代边界沿革史、中国边疆探察史系列、中国封建社会藩属研究系列、中国历代的边事与边政研究、中国边疆治理史系列、20 世纪下半叶周边诸国与中国边疆省区关系简史系列、中国海疆论纲、当代中国边疆治理研究、当代中国边疆稳定问题研究、新疆史鉴、新疆社会稳定战略研究、云南禁毒战略研究、南沙主权与当代国际政治、新疆与西藏稳定战略比较研究、朝鲜半岛形势发展与东北边疆稳定研究。

（三）学科建设

未来 10 年边疆研究学科建设拟分三步走：

第一步，边疆中心研究工作重点拟从"九五"规划确定的以基础研究为主逐渐向基础研究与应用研究并重过渡。

这是因为：

一是边疆学科建设的需要。中国边疆研究的内涵决定了历史与现实本来就密不可分，加之我们已明确提出了中国边疆学的构筑目标。

二是现实社会各方面的迫切需要。边疆稳定是当前中国社会政治的热点，如何维护中国边疆的稳定是跨世纪的重大战略课题。

三是经过近 10 年的研究实践，边疆中心在当代中国边疆问题研究上已形成自己的研究特色，在一些领域中，特别在新疆稳定问题研究上，已在国内占据有领先地位。

在今后 3 年至 10 年内，除完成《中国边疆通史》（多卷本）、《中国古代疆域史》、《中国近代边界沿革史》、《新疆史鉴》外，还将视条件逐步开展《中国边疆学通论》《中国封建时期藩属研究》《中国历代的边患与边政》《中国边疆探察史》等项目的研究。对于基础研究中的热点、难点问题，今后 3—10 年内陆续开展诸如黑瞎子岛问题、唐努乌梁海问题、南沙群岛问题、钓鱼列屿问题、中朝边界问题、中印边界问题，以及高句丽历史、渤海历史等方面研究同时深化历代边疆政策的研究。

同时下大力气进行资料建设，在完成中国第一历史档案馆藏满文档案中国边疆目录的基础上，有计划进行相关档案的汉译汇辑工作，同时建设具有权威性的中国边疆研究信息库。

应用研究中抓住当代边疆社会稳定研究不放，在继续保持新疆社会稳定研究上国内领先地位的同时，开拓新领域，做好东北地区、云南和南沙群岛现状问题研究。

第二步，将边疆史列入一级学科历史学之下的专门史，作为二级学科，这一工作需要得到院科研局的协力才能完成。

第三步，完成中国边疆学的学科构筑，使中国边疆学成为一级学科，并列入人文社会科学诸学科之林，这一步的实施不仅需要中国社会科学院的支持，还要得到国家的承认。

（四）进一步探索并完善开放性科研工作方法的实践加大改革力度，将边疆中心办成精兵简政，有活力的开放性研究中心

我们将继续坚持一专多能的人才培养要求和一人多岗的工作安排原则，行政后勤工作努力做到规范化、社会化。

一是，对内：精兵简政。积极培养和引进人才，争取在3—5年内将相关研究方向的人才配齐，形成梯队、分口把关。

二是，对外：面向社会。

其一，办好丛书"边疆史地丛书"和刊物《中国边疆史地研究》季刊，使之成为边疆研究者的共同园地；

其二，在试办云南科研工作站和东北科研工作站基础上，创造条件再筹建新疆、广西科研工作站；

其三，充分发挥挂靠边疆中心的中国社会科学院中国历史文化信息研究中心和中国社会科学院新疆发展研究中心的功能，推动研究工作的良性发展；

其四，不定期组织小型专题学术座谈会，将已与院办公厅合办近10年的"当代中国边疆稳定战略研究"座谈会坚持下去，并使之更有成效；

其五，组织国内学者对重大课题进行共同研究，建立并实施"客座研究员"制度。

1983年，中国社会科学院组建了中国边疆史地研究中心，作为新中国第一个以中国边疆为研究对象的专门研究机构，以整合历代学术资源和全国学术力量为己任。通过近 20 年的科研实践，终于迎来了边疆研究第三次高潮。在即将步入新的千年之际，我们将努力用一种更为恢宏的文化视野来挖掘和整理先辈边疆治理的遗产和前人的研究成果；我们要努力尝试通过维护统一多民族中国整体国家利益来观察当代中国边疆稳定和发展面临的机遇与挑战；我们还将针对边疆研究跨学科的特点，整合众多学科的研究方法和成果，为创建一门新兴边缘学科——中国边疆学而努力！

解析：

本文刊登在《中国边疆史地研究》2001 年第 1 期，"笔谈专稿·面向21 世纪的中国边疆研究"。

笔谈专稿的编者按如是说："兴起于 20 世纪 30 年代的中国边疆研究唤醒了国人对边疆的极大关注，但中国边疆研究的真正发展繁荣则是在 90年代以后，以中国边疆史地研究中心为代表的一批边疆研究机构的先后成立、大量有关中国边疆研究论著的出版标志着中国边疆研究正在形成一门新的学科——中国边疆学。在进入 21 世纪之际，总结以往的研究历程，探索中国边疆研究的未来，无疑会促进中国边疆研究的健康发展。为此，我们编辑了这组文章，希望中国边疆研究有更多学者加入，有更多国人关注。"文中除了重申了中国边疆学构筑五点思考外，从操作层面首次提出了分三步走的设想。

关于中国边疆研究若干问题的思考

一　当前边疆研究状况评估

20 世纪 80 年代以来，具有悠久历史和优秀传统的中国边疆研究呈现勃勃生机，成为史学研究中的一个亮点，硕果累累，而且其学术研究的内涵与外延，研究的广度与深度都有了长足的发展。在总体发展的基础上，中国边疆研究实现了两个突破：一是突破了以近代边界问题为单一研究的范畴，而将其扩展为以中国古代疆域史、中国近代边界沿革史和中国边疆研究史为研究重点，促成了中国边疆史地基础研究的大发展；二是突破了边疆史地的研究范围，将中国边疆历史与现状的研究相结合，直面当代中国边疆面临的新情况、新问题，将基础研究与应用研究有机结合。

作为历史学领域的一门边缘学科，中国边疆研究呈现蓬勃向上的发展态势，成为史学领域科研实践中的一个新的亮点；同时也促成了应是多学科交叉的边缘学科——中国边疆学构筑命题的提出。从全局发展的视角看，20 世纪最后 20 年是中国边疆学科迅速发展的时期，可以预计 21 世纪前半叶将是中国边疆研究繁荣，并完成中国边疆学构筑的新时期。

中国边疆研究现状令人乐观，具体体现在以下四个方面。

一是，中国边疆作为一个完整的研究客体已为学界所认同，并用之于研究实践之中，以往那种人为地将中国边疆研究内容割裂的现象得到了根本性改变。一批具有战略性、宏观性的以史为鉴的作品相继问世，其中具有综论性的重要著作有：七卷本"中国边疆通史"丛书（中州古籍出版社 2000 年出版，其中一卷为马大正主编《中国边疆经略史》，其他六卷于 2002—2003 年出齐）；《中国古代边疆政策研究》（马大正主编，中国社会科学出版社 1990 年版）；《中国边疆民族管理机构沿革史》（赵云田，中国社会科学出版社 1993 年版）；《中国疆域史》（刘宏煊，武汉出版社 1995 年版）；《边防论》（毛振发主编，军事科学出版社 1996 年版）；《中国边防史》（郑汕主编，社会科学文献出版社 1995 年版）；《清代的边疆政策》（马汝珩、马大正主编，中国社会科学出版社 1994 年版）；《清代边疆开发研究》（马汝珩、马大正主编，中国社会科学出版社 1990 年版）；《清代边疆开发》（马汝珩、成崇德主编，山西人民出版社 1998 年版）；《18 世纪的中国与世界·边疆民族卷》（成崇德，辽海出版社 1999 年版）；《二十世纪的中国边疆研究——一门发展中的边缘学科的演进历程》（马大正、刘逖，黑龙江教育出版社 1997 年版）；《中国古代海疆史纲》（安京，黑龙江教育出版社 1999 年版）；等等。

二是，当代边疆问题研究的启动。中国边疆的独特内涵决定边疆的历史与现状密不可分，不知现状难解历史，同样，不解历史，岂谈对现状的认识，因此对当代边疆的研究实是学科建设的必然，也是现实生活的需要。20 世纪 90 年代以来，学者在探索中前进，找准了当代中国边疆稳定问题作为研究的突破口，一批具有战略性、前瞻性、可操作性的调研报告问世，为国家的决策提供了科学依据，促进了国家对中国边疆研究的重视，产生了较佳的社会效益。

三是，研究部门与决策部门在当代边疆研究中的合作有了一个好的开端。由于当代边疆问题研究的特殊性决定只有将研究部门和决策部门的力量和谐结合，研究才有可能顺利展开，经过两部门的共同努力，在研究实践中认知了合作的必要和可行，从而使此研究领域进入良性循环的发展阶段。

四是，中国社会科学院中国边疆史地研究中心在推动研究发展进程中的组织、协调作用得到充分发挥。1994 年中国社会科学院学科调整后，在中国边疆史地研究中心制定的"九五"科研规划中，明确提出了研究工作重点是：（1）以中国边疆研究为基础，开展中国古代疆域史、中国近代边界沿革史、中国边疆研究史三大研究系列的综合性研究；（2）开展当代边疆地区稳定和发展研究；（3）开展中国边疆理论研究和中国边疆学的构筑。上述研究思路日益为同行所认同，并实践于研究工作之中，从而推动了国内边疆研究的深化，中国边疆史地研究中心在出成果、出人才上也取得了成绩，并日渐取得了在国内该专业领域的优势地位。

二 边疆研究的重点与热点问题

重点和热点问题的提出和确定依据有二：一是有利于学科的建设；二是满足社会对本学科研究内容的以史为鉴的需要。由此，我们提出研究的重点与热点问题有以下五个方面。

一是，中国疆域史研究。

应认真探讨中国疆域发展的规律，包括物质的和精神的，既要讲清"是什么"，更要回答"为什么"。

二是，中国近代边界沿革史研究。

应将探求近代以来晚清政府软弱挨打的深层原因作为研究重点，而不是以罗列帝国主义侵华的现象和简单斥责晚清政府卖国而满足，既要探求18世纪中叶以来清政府从"落日辉煌"到"落后挨打"的政治、经济、军事、外交因素，也要分析晚清政府为维护自身统治地位所做的种种努力和最终破产的深层原因。

三是，中国边疆研究史研究。

要从史学史角度全面开展此领域的研究，认真总结古人的研究成果，近人的艰苦探索，以及今人的继承开拓，预测21世纪中国边疆研究的发展前景。

四是，中国边疆治理研究。

边疆治理的成败得失，是综合国力强弱的标志之一。自秦汉以来，历代政府十分重视边疆的经营与治理，无论是成功的经验，还是失败的教训，都给后人留下了宝贵的遗产。新中国成立以来，我国政府在边疆治理上更是取得了前所未有的成就。此项课题具有综合性意义，从纵的方面看，它涵盖了从古代到当代的所有历史时期；从横的方面看，其研究内容包括了边疆行政体制、中央和地方的管理机构、边境管理、边防（国防）、周边外交、民族政策、宗教政策、经济开发、文化政策、治边思想等。在当代中国边疆治理方面，重点开展新疆、西藏地区反分裂斗争、朝鲜半岛形势发展走向对东北边疆地区的影响、云南禁毒工作，以及维护南沙群岛主权与国际政治演变等问题的对策性和预测性研究。通过对从古到今中国边疆治理的全面透视以及历史与现实的贯通性研究，总结中国边疆治理的经验教训，直面当代中国边疆治理重大决策中的重要环节。这一研究有助于我们进一步探索中国统一多民族国家发展之大势，为 21 世纪边疆地区的稳定和发展提供历史的借鉴和科学对策。

五是，中国边疆理论问题研究。

随着中国边疆研究的深入，中国边疆历史和现状中一系列理论性问题也日益为研究者所重视，这些研究既有关于"历史上中国""边疆""海疆""边界"等基本概念的科学界定，还有诸如历史上中国疆域的范围、统一与分裂的历史作用等重大问题的探讨。同时，中国边疆学的构筑更是需要更多学者参与并进行艰苦探索的大课题。

三 当前深化边疆研究工作的要点

中国边疆史地研究中心作为中国社会科学院的一个开放性研究中心，在推动中国边疆研究工作上肩负重大责任，在总结以往工作经验的基础上，结合对中国边疆研究发展趋势的把握，我们对今后 3—5 年的工作要点提出如下五方面设想。

一是，资料的整理和出版。

我们设想在以下两方面做点实事：一是在已完成《清代边疆满文档案目录》（广西师范大学出版社 1999 年版）基础上，首选有关新疆的满文档案，按专题分册汉译出版；二是结合"东北边疆历史与现状系列研究工程"的启动，组织整理、翻译出版一批东北边疆历史与现状研究有关的档案、史籍和朝鲜、韩国、俄国、日本等有代表性的著作。

二是，队伍的建设。

其一是按"一专多能，一人多岗"的要求提高中国边疆史地研究中心现有研究人员的业务水平，培养出几位学科带头人和一批业务骨干，切实做好博士生、硕士生的培养，同时积极、稳妥地引进人才，扩大中国边疆史地研究中心的研究队伍。

其二是通过开展课题的共同研究、组建科研工作站、建立研究人才网络等多种形式，进一步强化与国内外同行的联系渠道，开拓合作的领域，形成一个有助于研究开展的、高效的人才联络网。

其三是进一步发挥中国边疆史地研究中心的沟通研究者与决策者共同研究的桥梁作用，使这两支力量更好合作、取长补短，以优秀成果为党和国家的决策服务。

三是，研究的深化。

中国边疆史地研究中心研究工作的重点方向仍应在综合性、宏观性上下功夫，除了完成已作为中国社会科学院重大研究课题立项的《中国历代边事与边政研究》《当代中国新疆治理研究》和《云南广西边疆地区社会稳定研究》三个项目外，还要做好国家社科基金项目"中国边疆通史"丛书的结项，以及中国边疆史地中心多项重点课题的研究工作。

同时为以下一些课题的启动准备条件：

（1）中国古代边疆治理研究；

（2）中国封建社会的藩属研究；

（3）中国近代界务问题研究；

（4）近现代周边诸国及其与中国边疆地区关系研究；

（5）中国海疆历史与现状研究；

（6）中国边疆探察史研究；

（7）当代中国边疆稳定与发展战略研究。

我们欢迎学界同人或选择或参与上述课题的研究工作。

四是，学科的构筑。

中国边疆史地研究中心正在创造条件，积累资料，争取尽早启动《中国边疆学通论》的研究和撰写，该书应包括：中国边疆的界定，中国边疆学的理论框架，中国边疆学的内涵与外延、功能与特点，与相邻学科的关系，中外学界相关研究评议，等等。该项目具有研究的开拓性，理论的创新性，我们希望有更多的同人关心并参与此项目，通过共同努力，向社会奉献一册有中国特色的《中国边疆学通论》，为中国边疆学早日立于中国学科之林而努力。

五是，成果的推广。

中国边疆史地研究中心决心以更大的努力，与黑龙江教育出版社联手做好已获"第十二届中国图书奖"的"边疆史地丛书"的组织和出版工作，使这一套丛书作为精品而存世。

中国边疆史地研究中心还将努力组织以新疆和东北为主题的新的系列丛书的出版，同时正在积极筹划将相关调研报告进行修改加工后按专题分编成册，将零散的成果予以汇集，以期发挥知识的整体效益，更好地为社会服务。

解析：

本文刊登在《中国边疆史地研究》2002 年第 1 期。文中在论述了当前边疆研究状况评估、边疆研究的重点与热点问题后，在阐论当前深化边疆研究工作的要点方面，明确提出在中国边疆学构筑上应"争取尽早启动《中国边疆学通论》的研究和撰写"。

组织跨学科力量对中国边疆重大问题
研究进行联合攻关

中国边疆作为一个特殊的领域，它的研究内涵既包括历史和现状，又涉及政治、经济、军事、民族、宗教、国际法、生态环境等诸多方面。因此，要深化对中国边疆历史与现状的研究，必须组织跨学科的力量，进行联合攻关。

成立于1983年的中国边疆史地研究中心，成立之时中国社会科学院就明确要求其实施开放性科研工作方法，并定为科研体制改革试点单位，从而为我们在对中国边疆重大问题研究时，组织跨学科力量进行联合攻关打下了良好的基础，并取得了一些有益经验。

组织跨学科力量，对中国边疆重大问题研究进行联合攻关，要注意做好三个结合：一是，从研究内容看，要做好历史与现实的结合，要做好基础研究与应用研究的结合；二是，从研究方法看，要做好宏观研究与微观研究的结合；三是，从研究力量看，既要做好同学科与不同学科专家的结合，也要做好研究部门与决策部门的结合。

经过近20年科研实践，我们在对中国边疆历史与现状重大问题研究上，初显成效，试举两例。在基础研究领域，中国边疆史地研究中心主编了"边疆史地丛书"，自1990年由黑龙江教育出版社出版以来，至今已出书33种，成为边疆历史研究的一套有影响的丛书，受到国内外学术界关注，2000年获第12届中国图书奖。丛书的作者来自全国，除中国社会科学院和北京高校外，包括黑龙江、吉林、内蒙古、甘肃、新疆、云南、广西、江苏、安徽、福建等地的专家。1998年启动的"中国边疆通史丛书"

共分七卷，也是面向全国邀集作者，还包括了军内专家，其中《中国边疆经略史》一卷2000年出版后，即获中共中央宣传部2001年度"五个一工程"奖。

在应用研究领域，10余年来我们编印了"边疆调研白皮书系列"，是对当代中国边疆稳定问题调研的报告汇集。1991年以来已编印了30余种，还积累了大量调研资料。在维护新疆稳定、朝鲜半岛形势发展对东北边疆稳定影响、云南毒品追踪调研等方面已形成了自己的研究特色和优势。这项研究工作不仅得到中央和地方决策部门的支持，有些项目还是共同进行的。

在开展组织跨学科力量对中国边疆重大问题研究进行联合攻关的研究工作中，我们始终得到中国社会科学院领导的信任、关心和指导，铁映院长非常关心我们的研究工作。我们深感江泽民总书记所说的"信任是最大的尊重和爱护"这句话在促进我们研究工作中的千钧之力。我们唯有忠实于科研实践，做好本职工作，为国家统一、边疆稳定和民族团结尽绵薄之力，才不负时代的众望。

解析：

本文刊登在《中国边疆史地研究》2002年第4期。在刊发本文时编者如下按语："此文是作者在江总书记考察中国社会科学院座谈会上的发言，现公开发表，以期引起更多学者、机构对中国边疆学科研究的重视。"

关于构筑中国边疆学的断想

2001 年年初，我曾为《中国边疆史地研究》的笔谈专栏"面向 21 世纪的中国边疆研究"写过一篇专稿：《思考与行动——以边疆研究深化与边疆中心发展为中心》，在该文的结尾我提出："我们将努力用一种更为恢宏的文化视野来挖掘和整理先辈边疆治理的遗产和前人的研究成果；我们要努力尝试通过维护统一多民族中国整体国家利益，来观察当代中国边疆稳定和发展面临的机遇与挑战；我们还将针对边疆研究跨学科的特点，整合众多学科的研究方法和成果，为创建一门新兴边缘学科——中国边疆学而努力！"[①]

构筑中国边疆学应该成为当代从事边疆研究学人的共同职责和紧迫任务。

时过两年，值此中国边疆史地研究中心庆祝成立 20 周年，我想再述构筑中国边疆学断想六端，以就教于学界同人，以及一切关注于兹的广大读者。

一 认真总结前人研究积累是构筑中国边疆学的重要学术基础

中国边疆研究具有悠久的历史、优良的传统、丰硕的成果，可用"千年积累，百年探索"来概括中国边疆研究的发展历程。我们在整理、总结前人研究的历史遗产后，认为自清中叶以来，中国边疆研究在不同的历史时期曾出现过三次研究高潮。19 世纪中叶至 19 世纪末，西北边疆史地学

---

① 马大正：《思考与行动——以边疆研究深化与边疆中心发展为中心》，《中国边疆史地研究》2001 年第 1 期。

的兴起是中国边疆研究第一次高潮的标志。20 世纪 20 年代至 40 年代边政学的提出与展开，是第二次中国边疆研究高潮的突出成就。20 世纪 80 年代中国边疆研究第三次研究高潮出现的标志是研究中实现了两个突破：一是突破了以往仅仅研究近代边界问题的狭窄范围，开始形成了以中国古代疆域史、中国近代边界沿革史和中国边疆研究史三大研究系列为重点的研究格局，促成了中国边疆史地研究的大发展；二是突破了边疆史地研究的范围，将中国边疆历史与现状相结合，形成了成果众多、选题深化、贴近现实的特点。

中国边疆研究三次高潮的学术实践，西北边疆史地学的展开，边政学的探索，中国边疆研究中两个突破的实现，都为今天中国边疆学的构筑从研究功能、研究内涵、研究方法等方面提供丰富的学术积累和可鉴之镜。

今天我们构筑中国边疆学的实践，将是站在前人研究历史遗产基础上，面对 21 世纪统一多民族国家发展前景的一次新的探索。

二 更自觉地面对当代中国边疆的重大理论和实际问题，将更有助于深化对构筑中国边疆学紧迫性的认识

中国边疆是统一多民族中国的重要组成部分。中国的稳定离不开中国边疆的稳定，中国的发展离不开中国边疆的发展。当前西部大开发战略的实施，其重点地区也在中国的边疆地区，将中国边疆作为统一多民族国家的有机组成部分，作为一个完整的研究客体，我们才能更好地认识中国的边疆、研究中国的边疆，才能更好认识中国边疆面临的一系列历史上的难点问题和现实中的热点问题，并做出科学的回答。而所有这一切只有在中国边疆学学科建立后才可望得到更合理的开展。

试以中国边疆治理研究为例略作说明。中国是一个有着悠久历史的文明古国，自秦汉以来，历朝历代都十分重视边疆的经营与治理，维护着国家的统一与边疆的发展。中国边疆治理的基本任务是如何守住一条线（边界线），管好一片地（边疆地区）。边疆治理的成败得失，是综合国力强弱的标志之一。中国历代政府在边疆治理方面积累了丰富的经验，而中华人民共和国在治理边疆上既有继承，更多的是创新。边疆治理的内容十分丰富，主要者至少有：边疆行政体制、中央和地方的管理机构、边境管

理、边防（国防）、周边外交、民族政策、宗教事务管理、经济开发、文化政策、治边思想等。为了面对 21 世纪新形势的需要，研究应努力尝试通过维护统一多民族国家整体国家利益，来总结历史上治边的经验和考察当代中国边疆稳定和发展面临的机遇与挑战，制定相关的边疆稳定与发展战略，这样宏伟的任务，显然不是仅仅依靠一门或几门学科的理论和方法能完成的，唯有从中国边疆学的学科高度才可望达到目的。

三 中国边疆学的定位与基本功能

中国边疆学是一门研究中国边疆形成和发展规律的多学科交叉的边缘学科，它的研究不但要追寻边疆历史发展的轨迹，还应探求边疆发展的现实和未来，应是一门极具中国特色的新兴学科。

中国边疆学的基本功能可概言为文化积累功能和资政育民功能两大方面，具体说，有以下四点：

其一是描述功能。描述是指客观地搜集、记录和整理边疆社会事实及其过程，着重解决的是"是什么"的问题。这是任何一门学科研究的基础和出发点。

其二是解释功能。中国边疆是一个不断变化的复杂有机体，现实社会的各种现象和众多问题相互矛盾、相互依存、相互交错，中国边疆学的解释功能就是要在说明"是什么"的基础上，解决"为什么"的问题，探寻中国边疆形成和发展的规律。

其三是预测功能。中国边疆学研究的最终目的是促进边疆地区的巩固，促进边疆地区社会的正常运行和发展，因此在厘清因果关系、明了事实的基础上，还必须对边疆社会的现象与问题，及其发展趋势做出科学预测，提出可操作性的对策，使学科发展与社会实践更加紧密地结合。也就是说，在解决了"是什么""为什么"后，应进而探求"怎么办"的问题。前瞻性、预测性与对策性研究是中国边疆学实用价值的集中反映，也是学科服务于实践的直接体现。

其四是教育功能。中国边疆学作为综合研究中国边疆历史与现状的学科，在对边疆社会的认识与分析中，本身即影响着广大民众的世界观、价值观、国家观、民族观、历史观等方面，事实上发挥着家庭教育和社会教育的功能。

四 中国边疆研究的"三个结合"

中国边疆学特定的研究对象决定了研究的三个有机结合，即从研究对象——中国边疆言，是历史与现实的结合；从研究类型的分类言，是基础研究与应用研究的结合；从研究方法言，是多种学科研究方法的整合。

历史与现实的结合、基础研究与应用研究的结合及多种学科研究方法的整合，决定了中国边疆学的学科研究特点可概括为如下三个方面。

其一是综合性。中国边疆学是一门综合性学科，中国边疆社会既是统一多民族中国的有机组成部分，本身又是一个有机整体，研究中国边疆，涉及边疆形成和发展的历史及规律，涉及边疆地区政治、经济、民族、宗教、文化等诸多方面。这些具体研究领域各有相应学科，也有相应学科没有涵盖的研究范围，但结合历史与现实，从中国边疆整体出发进行综合研究，只能是中国边疆学。同时这种综合性的特点，还体现在中国边疆学研究视角、研究方法的综合性上。

其二是现实性。中国边疆学研究的范围虽然包括边疆的历史与现实，但它主要面对的是中国边疆地区的今天和未来，这是中国边疆学研究的最终目的。当前，中国边疆地区正处于急剧的社会变迁与转型时期，实现边疆地区现代化是时代的主流，因此，中国边疆学以中国边疆地区现代化为中心，以改革、发展与稳定为基础，以维护国家利益为最高原则，展开研究，正是由其现实性的特点所决定的。

其三是实践性。中国边疆学在注重文化积累，开展相关"绝学"研究外，研究更应面向现实。实践性是中国边疆学研究一贯和典型的特征，实践性着重于研究的应用性，强调它的指导和改造社会实践的可能性。探索边疆历史上的难点问题、现实中的热点问题，正是中国边疆学实践性特点的体现。需要指出，为现实服务，不能混同研究与宣传的界限，应以科学和理性的精神来观察现实、分析现实、指导现实的走向。作为学科研究，既要适应社会，又要引导社会，否则，学科将丧失生机与活力。

五 中国边疆学的内涵

根据中国边疆学的学科特点，中国边疆学的内涵可包括两大领域，暂以"中国边疆学·基础研究领域"和"中国边疆学·应用研究领域"来命名。

中国边疆学·基础研究领域，包括中国边疆理论、中国历代疆域、历代治边政策、边疆经济、边疆人口、边疆社会、边疆立法、边疆民族、边疆文化、边疆考古、边疆地理、边疆国际关系、边疆军事、边界变迁、边疆人物等诸多研究方面。

中国边疆理论是对中国边疆历史与现实诸多问题内在联系的理论概括，探索的是中国边疆形成、稳定和发展的规律；

中国历代疆域研究的目的是客观阐述中国疆域形成的历史，回答中国疆域是如何形成的问题；

历代治边政策研究是探讨历朝各代为治理边疆而采取的各种政策，目的是科学客观地总结前人在边疆治理方面的成就与失误；

边疆经济研究以边疆地区的经济发展为研究对象，既包括了历代王朝对边疆的开发，也包括边疆民族对边疆的开发活动；

边疆人口研究主要探讨的是边疆人口的演变历史，及其对边疆稳定和发展的影响；

边疆社会研究以边疆社会的形成和发展为研究对象，目的是探索边疆社会发展对边疆稳定的影响；

边疆立法研究以边疆法律建设为研究对象，既包括历代王朝为治理边疆而进行的立法实践活动，也包括边疆民族社会的习惯法、成文法等；

边疆民族研究以边疆民族形成、发展、衰亡以及历代王朝对其政策为研究对象，探索的是边疆民族与中国边疆形成、稳定和发展的关系；

边疆文化研究则不仅包括了边疆地区的文学、语言，也包括了边疆地区的宗教等文化现象；

边疆考古研究以发掘或遗留下来的与边疆地区有关的遗物或遗迹为研究对象，一方面可以弥补史书记载的不足，另一方面则可以印证史书记载的有关事件；

边疆地理研究不仅包括了边疆地区的政区设置及其沿革、交通道路、关隘等，也包括了边疆地区的自然环境和生态环境的研究；

边疆国际关系研究主要包括边疆地区与邻近国家或地区的关系，但中国历代王朝与相邻国家关系对边疆地区的影响也包括在内；

边疆军事研究则以历代王朝为巩固边疆地区稳定而采取的军事活动为对象，既包括为戍守边疆采取的各项措施，也包括了为平息边疆地区动乱而采取的军事行动；

边界变迁主要以近代的疆界理论和边界变化为研究对象，客观阐述中国近代边界变迁的历史；

边疆人物研究则以边疆历史人物为研究对象，对其在中国边疆形成、稳定和发展过程中的作用进行客观的评价。

中国边疆学·应用研究领域，则是在基础研究的基础上对当今及未来中国边疆的发展与稳定的战略性、预测性的宏观与微观相结合的研究。其研究的范围也包括了边疆经济、边疆人口、边疆政治、边疆社会、边疆立法、边疆民族、边疆文化、边疆地理、边疆国际关系、边疆军事以及自然和生态环境等诸多方面，其与基础研究领域的不同点主要表现为有更强的现实性。

中国边疆学的内涵十分丰富，上述所列仅是其中的主要内容，相信随着中国边疆学学科体系构筑的完成，其内涵将更加完善、系统。

六　全面深化中国边疆研究

全面深化中国边疆研究是推动中国边疆学构筑的原动力，同时大力推动边疆教育事业，全社会对中国边疆的关注与重视成为现实，将为中国边疆学构筑的实践创造良好的外部环境。

推动边疆教育，这里的教育是指广义的教育，即包括学校教育和社会教育两个方面。关于学校教育，我们应借鉴 20 世纪三四十年代边政学建设的有益经验，创造条件在高等学校设立边疆学系或开设边疆学专门课程，在培养边疆研究后备人才的同时，不断完善中国边疆学的学科建设。

在社会教育方面，应加大宣传边疆和普及边疆知识的力度，使国人更多地认识边疆、了解边疆、关心边疆，让学术走向大众，让大众了解学术。

以上断想六端，很不成熟，有些可能根本难以成立。写成此文，其意在于提供一个讨论问题的"靶子"，若能有助于推动构筑中国边疆学的步伐，斯愿足矣！

2003 年 4 月 20 日草成

解析：

本文刊登在《中国边疆史地研究》2003 年第 3 期。作者为庆祝中国边疆史地研究中心成立二十周年而撰。文中从六个方面对中国边疆学构筑做了较为详尽的阐论。"其意在于提供一个讨论问题的'靶子'，若能有助于推动构筑中国边疆学的步伐，斯愿足矣！"

深化边疆理论研究与推动中国边疆学的构筑

一 三次研究高潮与三次学术研讨会

中国边疆研究具有悠久的历史、优良的传统、丰硕的成果,可用"千年积累、百年探索"来概括中国边疆研究的发展历程。我们在研究、总结前辈研究的历史遗产后,认为自 19 世纪中叶迄今,中国边疆研究曾出现三次研究高潮。19 世纪中叶至 19 世纪末,西北边疆史地学的兴起是中国边疆研究第一次高潮的标志。20 世纪 20 年代至 40 年代边政学的提出与展开,是第二次中国边疆研究高潮的突出成就。20 世纪 80 年代以来中国边疆研究第三次研究高潮出现的标志是研究中实现了两个突破:一是突破了以往仅仅研究近代边界问题的狭窄范围,开始形成了以中国古代疆域史、中国近代边界沿革史和中国边疆研究史三大研究系列为重点的研究格局,促成了中国边疆史地研究的大发展;二是突破了史地研究的范围,将中国边疆历史与现状相结合,形成了贴近现实、选题深化、成果众多的特色,至今这次研究高潮方兴未艾,显示出可持续发展的强劲趋势。

在第三次研究高潮发展进程中,1988 年迄今的 18 年间,三次全国性的中国边疆史地学术讨论会的召开,在深化中国边疆史地研究上起到了不可低估的推动作用。

1988 年 10 月 22 日至 26 日,由中国社会科学院中国边疆史地研究中心与中国人民大学清史研究所联合主办的"中国边疆史地学术讨论会"在北京召开,来自全国 17 个省、市、自治区,包括汉、蒙、回、朝鲜、白、柯尔克孜等民族的 107 位学者参加了会议,会议收到论文 80 篇,内容包括中国历代边疆政策、边疆管辖、边疆开发、边疆经济与文化、边疆民族与民族关系、边臣疆吏、边界研究、边疆和边界研究概况与评述等多个方面，从不同侧面反映了当时我国边疆史地研究的成果和研究动向。《人民日报》以"中国边疆史地不再是学术禁区"为题，对该次会议做了报道。会议成果以《中国边疆史地论集》结集出版（吕一燃主编，黑龙江教育出版社1991年版），共收录论文33篇。

1999年9月12日至16日，由中国社会科学院中国边疆史地研究中心与浙江省象山县人民政府联合主办的"第二届中国边疆史地学术讨论会"在浙江省象山县召开。来自北京、长春、哈尔滨、西安、兰州、乌鲁木齐、昆明、郑州、烟台、厦门以及象山的近40位学者向会议提交了31篇论文，内容包括中国边疆学构筑、边疆研究相关理论问题、不同历史时期的边疆治理和边疆管理体制、古代至近代的边疆开发、当代边疆民族社会调查与历史档案资料开发利用等方面。基于近百年来中国边疆研究发展的积累，尤其是20世纪80年代以来中国边疆史地研究的兴旺，当代中国边疆问题日益为人们所关注，中国几代学者倾注心血的中国边疆理论研究和努力神往的中国边疆学的学科框架构筑被重新提上议事日程。中国边疆理论研究包括陆疆、海疆和边界的理论问题与实际的结合，探索中国边疆历史发展与统一多民族国家形成的发展规律。中国边疆学的构筑包括概念与范畴、学科性质和任务、体系和功能等，建立以马克思主义为指导的、有中国特色的中国边疆学理论体系。此次会议成果与同年8月23日至26日在乌鲁木齐召开的"世纪之交新疆历史研究回顾与展望学术研讨会"成果一并以《中国边疆史地论集续编》结集出版（马大正主编，黑龙江教育出版社2003年版），共收录论文33篇。

2006年8月6日至9日，由中国社会科学院中国边疆史地研究中心与云南大学西南边疆少数民族研究中心联合主办的"第三届中国边疆史地学术研讨会"在昆明召开。来自北京、上海、辽宁、吉林、黑龙江、新疆、内蒙古、云南、四川、江苏等省、市、自治区的70多位学者出席了会议，共提交论文45篇。会议讨论涉及疆域理论研究、边疆治理与开发、边疆民族研究、中国边疆学的构筑等诸多方面。此次会议成果以《中国边疆史地论集三编》结集出版①。

二 边疆研究要有一个大发展是时代赋予我们的职责

以马克思主义为指导是中国边疆研究的基本指导思想，维护国家统一、民族团结和边疆稳定是中国边疆研究必须遵循的政治原则，可以说上述指导思想和政治原则已成为中国边疆研究工作者的共识，并贯彻研究实践之中。

中国边疆研究的发展现状，促使中国边疆研究的内涵和外延要有新的定位，将中国边疆作为统一多民族国家的有机组成部分，作为一个完整的研究客体，并对此进行历史和现状相结合研究。中国边疆研究发展的目标，应是中国边疆研究不仅要追寻边疆历史发展的规律和轨迹，还要探求边疆发展的现实和未来。

边疆研究要有一个大发展，这是学科发展的需要，也是建设有中国特色社会主义的需要，每一位边疆研究工作者应认清自己的历史责任，抓住机遇，迎接挑战。作为中国当前唯一一个将中国边疆作为自己研究任务的中国边疆史地研究中心（以下简称边疆中心），在"十一五"发展规划中，明确将"一个核心、两个服务、三个坚持"作为总体目标。一个核心，即是将学科建设总目标确定为在"十一五"期间完成中国边疆学学科的初步理论构筑；两个服务，即为边疆研究学科建设服务，为中国边疆稳定和发展服务；三个坚持，即坚持将基础研究与应用研究并重，坚持精品战略、出成果、出人才，坚持面向社会、继续实施开放性科研工作的思想和方针。

边疆中心在今后的研究实践中将依"突出主体，抓住两翼"的思路推进研究工作的展开。所谓"突出主体"，即如边疆中心"十一五"发展规划中所确定的，把边疆理论研究作为重中之重，将中国边疆作为一个整体进行探索，运用历史学、社会学、民族学、政治学、法学等多学科整合的方法，对中国边疆的历史和现实进行综合研究，构建中国边疆学理论体系。所谓"抓住两翼"，即有序推动"新疆历史与现状系列研究项目"

---

① 会议论集未能面世，很是遗憾。

（国家社会科学基金特别项目）和做好"东北边疆历史与现状研究工程"（中国社会科学院重大研究项目）的结项和成果出版工作。通过对东北边疆和新疆历史与现状的宏观和微观相结合的综合研究，出成果、出人才，带动中国边疆研究全面深化。同时通过两项重大课题的开展，必将为研究工作坚持面向社会，继续推广实施开放性科研工作思路和方法积累更丰富的实践经验。

三 深化边疆理论研究，应成为中国边疆学构筑的突破口

构筑中国边疆学应该成为当代从事边疆研究学人的共同职责和紧迫任务。关于中国边疆学构筑，我在纪念边疆史地研究中心成立 20 周年时撰写的一篇短文《关于构筑中国边疆学的构想》① 中曾提出如下六点思考要点，简言之：一是，认真总结前人研究成果是构筑中国边疆学的重要学术基础。二是，更自觉地面对当代中国边疆的重大理论和实际问题，将更有助于深化对构筑中国边疆学紧迫性的认识。三是，中国边疆学的定位与基本功能，即中国边疆学是一门研究中国边疆形成和发展规律的多学科交叉的边缘学科，是一门极具中国特色的新兴学科；中国边疆学的基本功能可概言为文化积累功能和资政育民功能两大方面。四是，中国边疆学特定的研究对象决定了研究的三个有机结合，即从研究对象——中国边疆言，是历史与现实的结合；从研究类型的分类言，是基础研究与应用研究的结合；从研究方法言，是多种学科研究方法的整合。五是，中国边疆学的内涵可包括两大领域，暂以"中国边疆学·基础研究领域"和"中国边疆学·应用研究领域"来命名。中国边疆学·基础研究领域，包括中国边疆理论、中国历代疆域、历代治边政策、边疆经济、边疆人口、边疆地理、边疆国际关系、边疆军事、边界变迁、边疆人物等诸多研究方面。中国边疆学·应用研究领域，则在基础研究的基础上对当今及未来中国边疆的发展和稳定的战略性、预测性的宏观与微观相结合的研究，其与基础研究领域的不同点主要表现为有更强的现实性。六是，全面深化中国边疆研究是推动中国边疆学构筑的原动力，同时大力推动边疆教育事业，使全社会对

---

① 马大正：《关于构筑中国边疆学的构想》，《中国边疆史地研究》2003 年第 3 期。

中国边疆的关注与重视成为现实，为中国边疆学构筑的实践创造良好的外部环境。推动边疆教育，这里的教育是指广义的教育，即包括学校教育和社会教育两个方面。

边疆中心经过 20 余年的研究实践和探索，边疆理论综合研究应成为中国边疆学构筑的一个重要突破口，或可称为切入点。

边疆理论可研究的命题十分广泛，据目前的认知水平大体上可分为两大部类：一是，中国疆域理论研究，可研究的命题诸如中国古代疆域形成与发展的历程和规律，中国古代疆域观、治边观的演变，"大一统"与中国古代疆域的形成，民族融合与中国古代疆域的形成，羁縻政策与中国古代疆域的形成，中国古代宗藩观的形成与发展，中国古代宗藩体制的形成和发展，宗藩关系与中国古代疆域的形成，中国历史上宗藩关系特点，近代宗藩观的变迁，朝贡—册封体制的形成和发展，等等。二是，中外疆域理论比较研究，可研究的命题诸如东、西方疆域观念的异同，西方对中国传统疆域观念的认识，西方疆域理论对中国传统疆域观念的影响，近年中外边疆理论研究的发展趋势与评议，等等。

20 余年来，边疆中心的研究者们结合中国边疆史研究，为边疆理论综合研究的展开做了大量基础性研究工作，以研究著作为例简要介绍如次：

首先，已经完成的相关研究项目有：吕一燃《马克思、恩格斯论国家领土与边界》（1992 年），马大正、刘逖《二十世纪的中国边疆研究——一门发展中的边缘学科的演进历程》（1997 年），马大正任总主编"中国边疆通史丛书"（1999—2002 年），① 马大正、李大龙等"古代中国高句丽归属研究"（2001 年、2003 年），② 李大龙《都护制度研究》（2003 年）、《汉唐藩属体制研究》（2006 年），刘为《清代中朝使者往来研究》（2002 年），孙宏年《清代中越宗藩关系研究》（2006 年），及林荣贵主编《中国古代疆域史》和吕一燃主编《中国近代边界沿革史》（2007 年）。上述研究成果的完成，为边疆理论研究的展开与深化，积累了资料、扩大了研究思路。

---

① 该丛书包括：《中国边疆经略史》《东北通史》《北疆通史》《西域通史》《西藏通史》《西南通史》《海疆通史》。

② 该项研究包括《古代中国高句丽历史丛论》和《古代中国高句丽历史续论》。

其次，正在进行之中的研究工作有："中国历代边事与边政研究"（主持人厉声），"中国边疆理论概要"（主持人厉声），"中国边疆历史通论（教材）"（主持人李国强），"古代中国疆域理论专题研究"（主持人李大龙）等。边疆中心"十一五"规划中预定的目标是要完成专著或专题性论著，有《中国边疆学通论》《中国封建社会藩属体制研究》和《古代东亚藩属关系（体制）研究》。上述已经开展的和准备开展的项目完成之时，也将是边疆理论深化之日。

为了将边疆理论研究顺利、有序、扎实地展开，在研究中我以为如下三点应予特别的关注。

其一，面对现实和求真求善。

历史、现实和未来总是相互联系在一起的：历史就是现实的昨天，未来则是现实的明天。边疆研究的对象中国边疆，其本身即具有历史与现实紧密结合的特点，因此，研究边疆理论必须依托历史、面对现实和着眼未来，这既是中国边疆的现实向我们提出的要求，也是中国边疆学学科建设的需要。边疆理论研究不仅要探求统一多民族中国疆域和多元一体中华民族形成、发展的规律，还应从理论高度了解中国边疆现状和解决现实中的问题的思路与办法。要完成上述任务，更应坚持求真求善的优良学风。1993 年我曾说过："中国古代传统史学研究，有着求真求善的优良传统。从汉代杰出史学家司马迁起，求真求善即成为每一位有成就的史学家追求的目标。司马迁的求真，即要使其史书成为'其文直、其事核、不虚美、不隐恶'的'实录'（《汉书·司马迁传》）；而求善则是希望通过修史而成一家之言，即通过再现历史的精神来展现自己的精神。与此紧密相关的就是经世致用的传统。求真求善才能得到经世的理论体系，致用则是要使理论研究达到实用的目的。"[①] 上述这段话当时主要是指边疆史地研究，我想对边疆理论研究也应该是适用的。

其二，中国视野与世界视野。

中国边疆研究要有大视野，也就是说要有中国视野和世界视野。所谓中国视野：中国边疆是统一多民族中国的不可分割的组成部分，又是多元

---

① 马大正：《当代中国边疆研究工作者的历史使命》，马大正：《边疆与民族——历史断面研考》，黑龙江教育出版社 1993 年版，第 5 页。

一体中华民族中众多少数民族主要栖息地，从历史角度看，中国边疆是统一多民族中国、多元一体中华民族这两大历史遗产的关键点、连接平台；从现实角度看，中国边疆既是当代中国的国防前线，也是当代中国的改革开放前沿，还是当代中国可持续发展的重要组成部分。所以研究中国边疆，包括边疆理论，不能就边疆论边疆，一定要有中国视野，也就是说，研究时要心有中国全局。

所谓世界视野：中国边疆的地理的和人文的特殊性，与周边国家和地区具有千丝万缕的关系，因此，我们要自觉地把中国边疆的历史和现状放到世界的背景中观察评议和研究，既要纵向分析，也要横向比较。以清代边疆政策研究而言，只有具备了世界视野，才能认识到清代的边疆治理未能正确应对由内边防务到外边防务为主的根本性转变，这是清代边疆政策由成功到失败的主要原因。大家知道，古代中国疆域之边有"内边""外边"之分。统一时期的边疆治理，通常是指中央政权对控制薄弱的少数民族地区所采取的防范和治理措施；分裂时期的边疆治理，通常是指在政权与政权之间的对峙地区和对边远少数民族地区采取的防范措施。古代中国历史疆域内的大小政权的"边"，可视为"内边"。明代以后，情况发生了变化，明代的倭患持续了近 200 年，随着西方殖民主义的东来，17 世纪以降，荷兰侵占中国台湾，俄罗斯侵入黑龙江流域。1840 年鸦片战争后，中国新疆、西藏、云南、广西等一些边疆省区和沿海地区外患日益突出，出现了边疆全面危机的严重局面。殖民主义入侵，可称为"外边"之患。应该说，明代以降，特别是近代以来，在中国内边防务依然存在的同时，现代意义的边防即外边防务问题日益凸显。可是清朝统治者面对边疆防务这种变化的形势，仍沉迷于治理"内边"的传统边疆政策而不思防备外患之策，致使清朝前期边疆政策的成功与辉煌很快成了明日黄花，清后期边疆政策的全面破产，是清朝丧权辱国、割地赔款的一个重要因素。[①]

其三，"两个分开"[②] 与求同存异。

中国疆域历史和现实中存在诸多难点和热点问题，对此，边疆理论研

[①] 参见马大正《世界视野与清史纂修工程》，《清史论集》上册，人民出版社 2006 年版。

[②] "两个分开"是指在研究中应坚持学术与政治分开、历史与现实分开的原则。

究必然要予以正视，并探索解决之途。这些难点与热点问题的出现，原因是多方面的，归纳起来主要有：一是研究层面。由于历史情况复杂，史籍记载多有歧义，引起研究者们探求的兴趣，此类难点、热点问题，可以通过深化研究进而逐步解决。二是政治层面。这一层面原因又可分为正常的和不正常的两类。所谓正常的，是指不同国家出于国家利益的考虑，要建立本国的历史体系，强调自己国家历史的悠远、维护独立传统之辉煌。对此，即便有悖历史的真实，可以求同存异，以宽容之态度待之。所谓不正常的，是指个别国家或个别团体、个人出于狭隘民族国家利益考虑，不惜故意歪曲历史事实，并将历史问题现实化、学术问题政治化，通过被歪曲的历史事实，煽动民族主义狂热，制造事端。对此，我们则应讲明历史真相，有利、有理、有节，据理力争，决不姑息迁就。

上述原因是相互交织又是互相影响的，情况十分复杂。对此，我们应本着国家利益高于一切的原则，保持政治警觉，潜心深化研究，对一些有争议的问题，在坚持学术问题与政治分开、历史问题与现实分开的前提下，倡导和而不同，增信释疑，求同存异，在学术的轨道上心平气和地展开讨论。①

以上三个方面仅是我个人在研究实践中的初步体会，提出来供各位专家参考、借鉴，若有些许价值，斯愿足矣！

解析：

本文是作者 2006 年 8 月 7 日在昆明召开的中国边疆史地学术讨论会上的主题报告，经补充、整理、修改，刊登在《中国边疆史地研究》2007 年第 1 期。

文中明确提出"深化边疆理论研究，应成为中国边疆学构筑的突破口""或可称之为切入点"。

---

① 参见马大正《中国疆域的形成与发展》，《中国边疆史地研究》2004 年第 3 期。

边疆研究应该有一个大发展

　　以中国边疆为主要内容的边疆研究，在中国有着悠远的历史、优良的传统。19 世纪以来，中国边疆研究出现了两次研究高潮：第一次是 19 世纪中叶至 19 世纪末，西北史地学的兴起，是中国边疆研究高潮的标志；第二次是 20 世纪 20 年代至 40 年代，在民族危机激发下出现的中国边疆研究高潮，边政学的提出与展开、以现代学术研究新视角和新方法对中国边疆进行全方位研究是这次高潮的突出成就。两次研究高潮的实践与成果，为中国边疆研究从传统中国史学研究到现代多学科相结合综合研究的转变准备了条件，积累了经验。

　　进入 20 世纪 80 年代，中国边疆研究迎来了又一次研究发展的勃兴期，也可视为进入近代以来中国边疆研究第三次研究高潮，其重要标志是中国边疆研究实现了两个突破：一是突破了以往仅仅研究近代边界问题的狭窄范围，开始形成了以中国古代疆域史、中国近代边界沿革史和中国边疆研究史三大研究系列为研究重点的研究格局，促成了中国边疆史地研究的大发展；二是突破了史地研究的范围，将中国边疆历史与现状相结合，形成了贴近现实、多学科相结合的特点，在这一次高潮期中边疆研究视角之广，参与学者之众，成果之丰，都是前所未有的。

　　以马克思主义为指导是中国边疆研究的基本指导思想，维护国家统一、民族团结和社会稳定是中国边疆研究遵循的最高政治原则。上述指导思想和政治原则已成为中国边疆研究工作者的共识，并贯彻研究实践之中。

　　中国边疆研究的发展现状，促使中国边疆研究的内涵和外延要有新的定位：将中国边疆作为统一多民族国家的有机组成部分，作为一个完整的研究客体，并对其进行历史的和现状的综合研究。中国边疆研究发展的前景应当是：中国边疆研究不但要追寻边疆历史发展的规律和轨迹，还应探求边疆发展的现实和未来。边疆研究要有一个大发展，这是学科发展的需要，也是建设有中国特色社会主义的需要。每一个边疆研究工作者应认清自己的历史责任，抓住机遇，迎接挑战。

作为中国当前唯一一个将中国边疆作为自己研究任务的中国边疆史地研究中心，在最近制定的"十一五"发展规划中，明确把"一个核心，两个服务，三个坚持"作为总体目标。一个核心，即将学科建设总目标确定为在"十一五"期间完成中国边疆学学科的初步理论构筑；两个服务，即为边疆研究学科建设服务，为中国边疆稳定发展服务；三个坚持，即坚持基础研究与应用研究并重，坚持精品战略，出成果，出人才，坚持面向社会、继续推广实施开放性科研工作的思路和方法。

在今后的边疆研究实践中，将依照"抓住两翼，突出主体"的思路推进研究工作的开展。

所谓"抓住两翼"，即抓好、做好已立项的"东北边疆历史与现状系列研究工程"（院重大课题）和"新疆历史与现状系列研究项目"（国家社科基金特别项目），通过对东北边疆和新疆历史与现状的宏观和微观、点与面相结合的综合研究，出成果、出人才，带动中国边疆研究的全面深化。同时，通过开展两项重大课题的研究，坚持研究工作面向社会，为继续推广实施开放性科研工作思路和方法积累更丰富的实践经验。

所谓"突出主体"，即把边疆学理论研究作为重中之重，将中国边疆作为一个整体进行探索，运用历史学、社会学、民族学、政治学、法学等多学科整合的方法，对中国边疆的历史和现实问题进行综合研究，构建中国边疆学理论体系。

构筑中国边疆学应成为当代从事边疆研究学人的共同职责和紧迫任务。关于中国边疆学构筑，我在纪念中国边疆史地研究中心成立 20 周年时撰写的一篇短文《关于构筑中国边疆学的构想》[①] 中曾提出如下六项思

---

① 马大正：《关于构筑中国边疆学的构想》，《中国边疆史地研究》2003 年第 3 期。

考要点，简言之：一是，认真总结前人研究成果是构筑中国边疆学的重要学术基础。二是，更自觉地面对当代中国边疆的重大理论和实际问题，将更有助于深化对构筑中国边疆学紧迫性的认识。三是，中国边疆学的定位与基本功能，即中国边疆学是一门研究中国边疆形成和发展规律的多学科交叉的边缘学科，是一门极具中国特色的新兴学科；中国边疆学的基本功能可概言为文化积累功能和资政育民功能两大方面。四是，中国边疆学特定的研究对象决定了研究的三个有机结合，即从研究对象——中国边疆言，是历史与现实的结合；从研究类型的分类言，是基础研究与应用研究的结合；从研究方法而言，是多种学科研究方法的整合。五是，中国边疆学的内涵可包括两大领域，暂以"中国边疆学·基础研究领域"和"中国边疆学·应用研究领域"来命名。中国边疆学·基础研究领域，包括中国边疆理论、中国历代疆域、历代治边政策、边疆经济、边疆人口、边疆民族、边疆地理、边疆地缘政治、边疆军事、边界变迁、边疆人物等诸多研究方面。中国边疆学·应用研究领域，则是在基础研究的基础上对当今及未来中国边疆的发展和稳定进行战略性、预测性的宏观与微观相结合的研究，其与基础研究领域的不同点主要表现为有更强的现实针对性。六是，全面深化中国边疆研究是推动中国边疆学构筑的原动力，同时大力推动边疆教育事业，使全社会对中国边疆的关注与重视成为现实，为中国边疆学构筑的实践创造良好的外部环境。推动边疆教育，这里的教育是指广义的教育，即包括学校教育和社会教育两个方面。

中国边疆史地研究中心经过 20 余年的研究实践和探索，边疆理论综合研究应成为中国边疆学构筑的一个重要突破口，或可称之为切入点。

边疆理论可研究的命题十分广泛，据目前的认知水平大体上可分为二大部类：一是，中国疆域理论研究，可研究的命题诸如中国古代疆域形成与发展的历程和规律，中国古代疆域观、治边观的演变，"大一统"与中国古代疆域的形成，民族融合与中国古代疆域的形成，羁縻政策与中国古代疆域的形成，中国古代宗藩观的形成与发展，中国古代宗藩体制的形成和发展，宗藩关系与中国古代疆域的形成，中国历史上宗藩关系特点，近代宗藩观的变迁，朝贡—册封体制的形成和发展，等等。二是，中外疆域理论比较研究，可研究的命题诸如东、西方疆域观念的异同，西方对中国传统疆域观念的认识，西方疆域理论对中国传统疆域观念的影响，近年中外边疆理论研究的发展趋势与评议，等等。

为了将边疆理论研究有序、扎实地展开，在研究的实践中我以为如下四点应予以特别的关注。

第一，应面对现实与未来。

任何问题都离不开历史，研究历史的重要任务之一是为了了解现代，进而为解决现实存在的问题提供借鉴。对边疆的历史进行观察、分析、研究同样不例外，如果不了解边疆历史，就可能认不清现实中出现的一些问题，更无法制定正确的解决之策。要站在历史的脊梁上观察中国边疆现实中出现的问题，要站得高，基点之一是先辈们对边疆进行了开拓和开发，基点之二是我们的前人在认识边疆，研究边疆方面的丰富的积累。

研究边疆历史应面对现实和未来，是中国边疆研究学科发展的需要。以往为了了解历史而研究历史，在一定程度上限制了历史研究的发展，也使历史研究的价值难以得到充分发挥，而现在研究历史是为了更好地了解现状和解决现实中的问题，已经成为越来越多学者的共识，也是学科发展的需要。爱国主义思想是中国边疆研究的优良传统，近代以来边疆研究的兴起，应该说是和当时我们所面临的边疆危机直接联系在一起的，也就是说关注现状也是边疆历史研究的传统，只是在一定时期内由于受到各种因素的影响，学者们对现状的关注程度被削弱了，研究的重点也因之转到了对纯历史问题的研究上。改革开放以来，各个学科的发展都迎来了一个广阔的发展空间，中国边疆研究学科要想发展，就需要面对现实和未来，因为只有关注现状、面对未来，我们的研究领域才能不断拓展，研究的成果才能更好地服务于社会，其价值才能得到充分体现。

第二，要有中国视野与世界视野。

中国边疆研究要有大视野，也就是说要有中国视野和世界视野。所谓中国视野：中国边疆是统一多民族中国的不可分割的组成部分，又是多元一体中华民族中众多少数民族主要栖息地，从历史角度看，中国边疆是统一多民族中国、多元一体中华民族这两大历史遗产的关键点、连接平台；从现实角度看，中国边疆既是当代中国的国防前线，也是当代中国的改革开放前沿，还是当代中国可持续发展的重要基地。所以研究中国边疆，包括边疆理论，不能就边疆论边疆，一定要有中国视野，也就是说，研究时要心有中国全局。

所谓世界视野：中国边疆的地理的和人文的特殊性，与周边国家和地区具有千丝万缕的关系。因此，我们要自觉地把中国边疆的历史和现状放到世界的背景中观察、评议和研究，既要纵向分析，也要横向比较。以清代边疆政策研究而言，只有具备了世界视野，才能认识到清代的边疆治理未能正确应对由内边防务到外边防务为主的根本性转变，这是清代边疆政策由成功到失败的主要原因。大家知道，古代中国疆域之边有"内边""外边"之分。统一时期的边疆治理，通常是指中央政权对控制薄弱的少数民族地区所采取的防范和治理措施；分裂时期的边疆治理，通常是指在政权与政权之间的对峙地区和对边远少数民族地区采取的防范措施。古代中国历史疆域内的大小政权的"边"，可视为"内边"。明代以后，情况发生了变化，明代的倭患持续了近 200 年，随着西方殖民主义的东来，17 世纪以降，荷兰侵占中国台湾，俄罗斯侵入黑龙江流域。1840 年鸦片战争后，中国新疆、西藏、云南、广西等一些边疆省区和沿海地区外患日益突出，出现了边疆全面危机的严重局面。殖民主义入侵，可称为"外边"之患。应该说，明代以降，特别是近代以来，在中国内边防务依然存在的同时，现代意义的边防即外边防务问题日益凸显。可是清朝统治者面对边疆防务这种变化的形势，仍沉迷于治理"内边"的传统边疆政策而不思防备外患之策，致使清朝前期边疆政策的成功与辉煌很快成了明日黄花，清后期边疆政策的全面破产，是清朝丧权辱国、割地赔款的一个重要因素①。

第三，和而不同，求同存异②。

人际交往，以和为贵。文化交流，崇尚"和而不同"（《论语·子路》）。因为不同，才需交流；唯有和睦，方能沟通。"和而不同"的"和"，表达了人际交往的原则；"不同"则体现了文化交流的特点。

---

① 马大正：《世界视野与清史纂修工程》，《清史论集》上册，人民出版社 2006 年版。

② 关于和而不同、求同存异的部分论述，参考并引述了"世界中国学论坛 2004——多元视野下的中国"会议主旨报告《"和而不同"，尊重文化多样性，为人类文明进步作贡献》，见该次会议的《会务手册》，特此说明并致谢！

数千年来中国文化遵循"和而不同"的法则才使得中华文化不仅数千年文脉未断，而且历久弥新，成为人类文化史上的一朵奇葩。使今天的中国人更加坚信，人类文化的存在与发展，不是一种文化如何吞并另一种文化，而是一种文化如何正确面对另一种文化，在相互的交融中各自取长补短，发展自己，并且从另一种文化的存在中，确定自己的存在理由。人类文化的发生与发展，同样遵循这一自然法则。所以我们尊重文化的多样性，尊重各国人民在历史进程中创造的多彩文明和生活方式，使不同文明的相互借鉴、和平共处、共同发展，以促进世界多样性实现各种文明共同发展和人类社会全面进步。

中国人相信这个世界可以寄托希望，正因为中国人相信人类能够"和而不同"。在古人留给我们的思想认识中，"和"的起点在于"人同此心，心同此理"。所以不同的人物、不同的人群、不同的民族、不同的国家可以相互沟通、相互认同，用善意换取他人的善意，用善意回应他人的善意。以知"和"为一个不断不尽的过程，我们将得到人类之间的互利和人类共有的价值。但知"和"的本义并不是绝对的同一，并不是由多色变为单色，并不是屈己从人。以善相呼和以善相应，呼应出自不同的主体，互利也归于不同的主体。因此，以"和"为一个不断不尽的过程，则这个过程里始终会保留着个体与个体之间的差异，民族与民族之间的差异，国家与国家之间的差异，以及由这种差异派生的不同的思想，不同的主张，不同的道路，不同的取向。只有以"不同"为前提，"和"才有真正的内容和真正的意义，才能够维系万千群类而至天长地久。面对一个共趋和多元并存的国际社会，我们需要的正是"和而不同"。

文化交流，贵在相争与相融。文化的进步，需要学术争鸣的推动。学术争鸣，是理性的表达，是智慧的碰撞；没有争鸣，学术的发展就会停止，学术的质量因陈旧而腐败。有了争鸣，学术界才会灵气四射，生机盎然；有了争鸣，人类文化才有前进的动力。

当然，学术文化的发展，仅仅有争鸣还不够。争鸣是一种手段，是一种相互沟通的途径。争鸣的最终目的，是促进相互之间的融合。争鸣为融合提供了机会；有了融合，争鸣才有意义。融合不能一方吞食另一方，而是思想的升华、文化的进步。先秦诸子百家争鸣，创造了中国古代文化的高峰。争鸣之后，依然是百家，但是在百家的思想中，已经你中有我、我中有你，且都有了长足的进步。印度佛学与中国传统文化的融合，成为人类文化史上不同文化之间融通的成功范例。近现代的西学东渐，争论高潮迭起，每一次大的争论之后，中西文化的融通总会前进一大步。以"相争与相融"的姿态走进世界，是历史的必然，也是时代的需要。

世界上没有一片完全相同的树叶。自然界的多样性，使得我们的世界千姿百态，精彩纷呈。文化也是如此，人类原始，祖宗各别；文化多元，势在必行。人类文化的多元性，既是地理环境的造化，也是民族精神的凝聚。每一种文化，都有其存在和发展的必然性，都具有鲜明的特色。它们是人类存在的证明，也是人类延续的血脉。不同文化的存在，就像不同人种不同民族的存在一样，天经地义，地久天长。中国传统文化，便是文化多样性的体现，有悠久的历史，也有鲜明的个性。

两千多年来，中国文明常常要面对其他文明。在文明与文明的相遇里，中国人的文化意识、人类意识和太平意识都容易化为足够的宽容与和平。每一种文明都会有起落，但宽容与和平则始终是中华文明的主流。从19世纪中叶开始的近代百年里，中国人经历过内外交迫下的贫弱与困厄。与之相对应的，是一代代中国人追求民族复兴的急迫和激越滔滔而起，化入了贯穿百年的政治史和思想史。然而与民族复兴的急迫和激越相比，五千年厚积而成的文明和文化更悠远而深沉。中国文化支撑了民族复兴的百年心路，也使中国人追求民族复兴的心路一开始就内含了超越狭隘的品格。清末诗人黄遵宪曾说过："滔滔海水日趋东，万法从新要大同"［黄遵宪（1848—1905）：《入境庐诗草》］，前一句话是接纳正在压境而来的西方文明，后一句话是民族关怀中寄托了人类关怀。在他笔下，民族复兴之想与中国文化里的担当意识、人类意识和太平意识非常明显地连在一起，使人能够读到一种古老文明的千古回响。文化和文明是一个民族的精神血脉，他们留给中国人的那一片心底的光明和乐观，是不会在世事的盛衰起伏中被淹没掉的。

从20世纪70年代和80年代之交开始，中国社会在持续发展中走过了20多年。这是个自立的过程，也是一个开放和合作的过程。

中国人在走向世界，也在牵动世界。但走向世界和牵动世界，追求和获得的，都不是一种偏狭的中国利益。在一个多种民族和文明共存的世界里，只有共同发展与和平发展才是可持续的；只有共同的利益和多数的利益才是长久的利益。中国文明相信善处人我之间，应当"己欲立而立人，己欲达而达人"（《论语·雍也》）。

中国疆域历史和现实中存在诸多难点和热点问题，对此，边疆理论研究必然要予以正视，并探索解决之途。这些难点与热点问题的出现，原因是多方面的，归纳起来主要有：一是研究层面。由于历史情况复杂，史籍记载多有歧义，引起研究者们探求的兴趣，此类难点、热点问题，可以通过深化研究进而逐步解决。二是政治层面。这一层面原因又可分为正常的和不正常的两类。所谓正常的，是指不同国家出于国家利益的考虑，要建立本国的历史体系，强调自己国家历史的悠远、维护独立传统之辉煌。对此，即便有悖历史的真实，可以求同存异，以宽容之态度待之。所谓不正常的，是指个别国家或个别团体、个人出于狭隘民族国家利益考虑，不惜故意歪曲历史事实，并将历史问题现实化、学术问题政治化，通过被歪曲的历史事实，煽动民族主义狂热，制造事端。对此，我们则应讲明历史真相，有利、有理、有节，据理力争，绝不姑息迁就。上述原因是相互交织又是互相影响的，情况十分复杂。对此，我们应本着国家利益高于一切的原则，保持政治警觉，潜心深化研究，对一些有争议的问题，在坚持学术问题与政治分开、历史问题与现实分开的前提下，倡导和而不同，增信释疑，求同存异，在学术的轨道上心平气和地展开讨论。[①]

在东北边疆历史研究中，学术上存在歧义是学术研究中的正常现象，以高句丽历史研究为例，今天中国学者的认识呈现百花齐放之姿，而中国和朝鲜半岛学者之间也存在着重大的学术分歧。

高句丽是活跃于今天东北亚地区的一个古老的民族。公元前 37 年高句丽建立政权，先后以中国辽宁省桓仁、吉林省集安和今朝鲜民主主义人民共和国平壤市为都，在历史上持续了 705 年之久。

高句丽历史是东北亚地区史的重要内容，当然是古代中国历史的组成部分，也是古代朝鲜半岛历史的组成部分。基于此，高句丽历史引起各国

---

① 马大正：《中国疆域的形成与发展》，《中国边疆史地研究》2004 年第 3 期。

史学家的兴趣、关注，并进行研究，中国和朝鲜半岛学者尤为关注，研究成果丰硕也在情理之中。

深化高句丽历史研究，是我们研究者的责任，如何深化高句丽历史研究，我试提建言三项：

一是，坚持两个原则，让学术回归学术。

首先，在研究中坚持将历史与现实分开，学术与政治分开的原则，将高句丽历史研究切实纳入历史化、学术化的正常科研轨道。可以借鉴中国学界对古代中国历史上兴衰嬗替，存亡绝续的众多古代民族及其政权已形成的较为成熟的研究定式，深化研究。

其次，高句丽历史既然是一个学术研究领域，那么，深化研究，百家争鸣，和而不同，求同存异，这十六字也应成为一个原则，予以提倡与遵循。

二是，提倡双向理解，增进学界间沟通与交流。

无须讳言，当前高句丽历史研究在一些重大问题上存在种种分歧，解决分歧最好的办法是本着尊重历史、实事求是的精神，深化研究。不同国家学者之间解决历史认识差异，最重要的方法应是沟通与理解。

在高句丽历史研究中，对中韩两国学者言，提倡双向理解我认为是十分必要的，这里说的双向理解是指对存在于中韩学者的"情结"——两大历史遗产的情结和高句丽情结的理解与尊重。

所谓两大历史遗产的情结是指存在于中国学者，当然也包括中国广大的民众心灵深处对统一多民族中国和多元一体中华民族的眷恋与热爱，也就是"我们的先辈为今人留下了两项举世瞩目，无与伦比的历史遗产，幅员辽阔的统一多民族国家和人口众多、多元一体的中华民族，简言之，即大一统国家与多民族。这是中国不同于世界上任何一个国家的特殊国情"①。所谓"高句丽情结"，我在《再论高句丽历史研究中的相关问题》中曾指出："将高句丽纳入古代朝鲜半岛历史范畴的历史认识与论述，在朝鲜半岛已有近千年的历史，已经成为朝鲜半岛（包括朝鲜与韩国）历史与文化传统的一个重要组成部分。"②

---

① 马大正：《中国疆域的形成与发展》，《中国边疆史地研究》2004 年第 3 期。
② 收录马大正等《古代中国高句丽历史续论》，中国社会科学出版社 2003 年版，第 6 页。

三是，加强交流，深化研究。

中国学者研究高句丽历史已有百年多历史，经历了 19 世纪 80 年代至 1949 年的研究初始期，1949 年至 20 世纪 70 年代研究的冷落期，20 世纪 80 年代以降研究的勃发期。目前，中国学者高句丽历史研究正处在全面深化的阶段。而我们的韩国同行，这几年已实现了高句丽历史研究力量的初步整合，呈现深化研究的强劲态势。高句丽历史研究新人才的培养，新成果的产生，是我们面临的共同任务。

深化研究，加强学者之间的交流是必不可少的，就中韩学界间在高句丽历史研究中加强交流不仅是必要的，也是可行的。

从目前实际情况出发，加强高句丽历史研究的基础资料建设和研究信息的收集、追踪工作，可作为交流首选议题进行讨论。通过多种渠道学术交流，广泛收集相关研究成果和追踪研究动态，并组织力量摘要评价具有代表性的著述、资料的观点，以利沟通和理解。为学者的潜心研究，将科学的研究结论提供给国际学术界成为可能，从而为推动和深化高句丽历史研究尽到学人的职责。

第四，正确处理研究与决策的辩证关系是当务之急。

进一步解放思想仍是东北边疆历史与现状研究的当务之急。此处言解放思想有两层含义：其一是从事东北边疆历史的研究者应坚持实事求是，本着对历史负责的科学态度，敢于研究东北边疆历史研究中的难点问题、热点问题，敢于对以往一些大家、权威的见解提出不同见解，展开争鸣，求得认识上的飞跃、研究结论上的突破。其二是正确处理学术研究与政府决策之间的关系。研究与决策虽有密切关系，但不可将两者等同。研究的结论虽是进行正确决策的重要因素，但不是唯一因素。

专家的研究是解决"应该怎样做"的问题，而政府的决策则是解决"怎样去做"的问题。有时决策部门同意专家的意见，但是不能马上实施，因为决策者一方面要以科学为依据，另一方面还要分析现实力量的对比以及各种复杂情况。

在研究者与决策者的关系中，决策者是矛盾的主要方面，决策部门需要有更多的政治家气度与远识，应该支持学术界百家争鸣，应该为研究者进行实事求是的研究提供更有利的条件和保证。只有听取各种不同的见解，决策者才能"择其善者而从之"，才能使决策科学化、民主化，避免决策的失误或短视行为。

研究者应发扬中国边疆研究的爱国主义和求实精神的优良传统，以自己的高水准研究成果为国家的正确决策提供扎实、可靠的依据。对于边疆、民族、宗教这类敏感问题的研究有两种态度：一种是回避，一种是知难而进。长期以来在"左"的路线下，人为设置禁区，许多专家的正常研究工作受到干扰，结果是我们的决策缺乏科学依据，从根本上说于社会主义建设事业不利。

学者研究的学术行为和领导决策的政治行为应有一个互补的界限。专家的研究要进入决策的科学化和民主化的过程之中，领导者要尊重学者的意见。学者讨论敏感问题要在一定范围内进行，即所谓研究无禁区，宣传有纪律。

处理好两者关系的关键是要区别研究与决策的不同内涵，正确把握他们之间互补的界限，真正做到把研究者的观点作为学者的观点来对待，切不可把研究者的学术见解错当成某种政见而给以过度的重视或过分的责怪。唯此，研究者才可能在边疆研究这一颇具敏感性的领域中进行大胆探索，边疆研究的繁荣也就为期不远了。

上述所列的研究内容，穷个人的力量，一个部门的研究力量，是难以完成的，既需要学术界的群策群力，艰苦探索，也需要管理部门的支持，国人的关注，通过脚踏实地的努力，才可望达到理想的彼岸。

2004年岁末我在一篇文章中曾自认为在今后的研究生活中还想做五件事，其中一件："中国边疆学的构筑。"这同样是一个大题目，我不敢有更大的奢望，只是想静下心来将自己对边疆学科建设的思考厘清后，写一本关于中国边疆学如何构筑的札记。[1]

我最大的心愿是：热望中国边疆研究的大发展；呼喊中国边疆学的诞生！

---

[1] 马大正：《自序：我的治学之途》，《马大正文集》，上海辞书出版社2005年版，第5页。

解析：

本文刊登在《东北史地》2008 年第 4 期。文中除重申了中国边疆学构筑的六点断想外，作者根据近 20 年从事当代中国边疆调研和主持"东北边疆历史与现状系列研究工程"科研实践的经验，提出在边疆研究应注意的四个方面，以及在深化高句丽历史研究的三项建言。

边疆研究者的历史责任：构筑中国边疆学

　　"创立一门以探求中国边疆历史和现实发展规律为目的的新兴边缘学科——中国边疆学，这就是肩负继承和开拓重任的中国边疆研究工作者的历史使命！"① 这是我在《二十世纪的中国边疆研究——一门发展中的边缘学科的演进历程》一书结尾处写下的一段话，既是自己的心愿，也是我对同人们的寄望。

　　一晃十余年过去，其间中国边疆研究得到了持续的发展，在开拓与深化的进程中，对中国边疆学构筑的研究，也日益为学人关注，时有专论此题的新作问世，较重要者，著作类有：吴楚克《中国边疆政治学》②，罗崇敏《中国边政学新论》③；论文类有：厉声《沿着中国边疆史地研究的正确方向不断开拓前进》④，吴楚克《建设当代中国边疆政治学应有的理论思考》⑤，方铁《论中国边疆学学科建设的若干问题》⑥ 等。

　　1997 年以来，关于中国边疆学构筑的思考，于我也未敢松懈，先后刊发的文章有《从中国边疆研究的发展到中国边疆学的构筑》⑦，《思考与行

---

① 马大正、刘逖：《二十世纪的中国边疆研究——一门发展中的边缘学科的历史演进》，黑龙江教育出版社 1997 年版。

② 吴楚克：《中国边疆政治学》，中央民族大学出版社 2005 年版。

③ 罗崇敏：《中国边政学新论》，人民出版社 2006 年版。

④ 厉声：《沿着中国边疆史地研究的正确方向不断开拓前进》，《中国边疆史地研究》2003 年第 3 期。

⑤ 吴楚克：《建设当代中国边疆政治学应有的理论思考》，《中央民族大学学报》2003 年第 3 期。

⑥ 方铁：《论中国边疆学学科建设的若干问题》，《中国边疆史地研究》2007 年第 2 期。

⑦ 马大正：《从中国边疆研究的发展到中国边疆学的构筑》，《光明日报》1999 年 1 月 8 日，第 7 版。

动——以边疆研究深化与边疆中心发展为中心》①，《关于边疆研究若干问题的思考》②，《组织跨学科力量对中国边疆重大问题研究进行联合攻关》③，《关于构筑中国边疆学的断想》④，《深化边疆理论研究与推动中国边疆学的构筑》⑤，《边疆研究应该有一个大发展》⑥ 等，上述文章记录了我对构筑中国边疆学这一大命题进行不断思考的演进思路。

今应云南师范大学学报编辑部之命，为该刊："中国边疆学研究"专栏作一小文，似可述新意之处鲜，思之再三，将以往思考之片段，述于后，以应命。

一 构筑中国边疆学是中国边疆研究学科发展的必然趋势

中国边疆史地研究作为重要的学术研究领域，在中国有着悠远的历史、优良的传统。19 世纪以来，中国边疆研究出现了两次研究高潮：第一次是 19 世纪中叶至 19 世纪末，西北史地学的兴起是中国边疆研究高潮的标志；第二次是 20 世纪 20 年代至 40 年代，在民族危机激发下出现的中国边疆研究高潮，边政学的提出与展开，以现代学术研究新视角与新方法对中国边疆进行全方位研究是这次高潮的突出成就。两次研究高潮的实践与成果，为中国边疆研究从传统中国史学研究到现代多学科相结合综合研究的转变准备了条件、积累了经验。

进入 20 世纪 20 年代，中国边疆研究迎来了又一次研究发展和勃兴期，也可视为进入近代以来中国边疆研究的第三次研究高潮，其重要标志是中国边疆研究实现了两个突破：第一是突破了以往仅仅研究近代边界问题的狭窄范围，开始形成了以中国疆域史、中国近代边界沿革史和中国边疆研究史三大研究系列为研究重点的研究格局，促成了中国边疆史地研究

---

① 马大正：《思考与行动——以边疆研究深化与边疆中心发展为中心》，《中国边疆史地研究》2001 年第 1 期。

② 马大正：《关于边疆研究若干问题的思考》，《中国边疆史地研究》2002 年第 1 期。

③ 马大正：《组织跨学科力量对中国边疆重大问题进行联合攻关》，《中国边疆史地研究》2002 年第 4 期。

④ 马大正：《关于构筑中国边疆学的断想》，《中国边疆史地研究》2002 年第 3 期。

⑤ 马大正：《深化边疆理论研究与推动中国边疆学的构筑》，《中国边疆史地研究》2007 年第 1 期。

⑥ 马大正：《边疆研究应该有一个大发展》，《东北史地》2008 年第 4 期。

的大发展；二是突破了史地研究的范围，将中国边疆历史与现状相结合，形成了贴近现实，多学科相结合的特点，在这一次高潮中边疆研究视角之广，参与学者之众，成果之丰，都是前所未有的。

承载着千年传统，百年积累和 30 年探索的中国边疆研究，今日面临着新的跨越——构筑中国边疆学，这是学科发展的必然趋势，也是建设有中国特色社会主义的需要。每一个边疆研究工作者应认清自己的历史责任，抓住机遇，迎接挑战。

二 构筑中国边疆学的思考要点

2003 年我在纪念中国边疆史地研究中心成立 20 周年时曾对构筑中国边疆学提出六项思考要点，[①] 简言之：

一是，认真总结前人研究成果，是构筑中国边疆学的重要学术基础。

二是，更自觉地面对当代中国边疆的重大理论问题和实际问题，将更有助于深化对构筑中国边疆学紧迫性的认识。

三是，中国边疆学的定位与功能，即中国边疆学是一门研究中国边疆形成和发展规律的多学科交叉的边疆学科，是一门极具中国特色的新兴学科；中国边疆学的基本功能可以归纳为文化积累功能和资政育民功能两大方面，具体说，又可分解为描述功能、解释功能、预测功能、教育功能。

四是，中国边疆特定的研究对象决定了研究的三个有机结合，即从研究对象——中国边疆言，是历史与现实的结合；从研究类型的分类言，是基础研究与应用研究的结合；从研究方法言，是多种学科研究方法的整合。而由此决定了中国边疆学研究具有理论性、综合性、现实性、实践性的特点。

五是，中国边疆学学科内容分类，可包括两大领域，暂以"中国边疆学·基础研究领域"和"中国边疆学·应用研究领域"来区分。前者包括中国边疆理论、中国历代疆域、历代治边政策、边疆军事、边疆经济、边疆人口、边疆民族、边疆文化、边疆地缘政治、边界变迁、边疆考古、边疆重大事件与人物等诸多研究方面，而后者则是基础研究与各方面研究内容的时限延伸，是对当代中国边疆发展和稳定全局的战略性、预测性的

---

① 马大正：《关于构筑中国边疆学的断想》，《中国边疆史地研究》2002 年第 3 期。

宏观与微观相结合的研究，其与基础研究领域的不同点主要表现为有更强的现实针对性。上述所列仅是其中的主要内容，随着中国边疆学学科体系构筑的完成和完善，其内涵将更加完善和系统。

六是，全面深化中国边疆研究是推动中国边疆学构筑的原动力，同时大力推动边疆教育事业，使全社会对中国边疆的关注与重视成为现实，为中国边疆学构筑的实践创造良好的外部环境。

以上六端，可能挂一漏万，但确是我在构思中国边疆学构筑中做什么、怎么做的思考，将此作为一个讨论问题的"靶子"，也许有助于推动构筑中国边疆学的步伐。

三 推动中国边疆学构筑当前急办之要务

构筑中国边疆学，我辈学人需要做很多事，即古语所谓：九层之台，起于累土；千里之行，始于足下。当前急办之要务，以愚见以下两项可谓要务：

一是边疆理论综合研究应成为中国边疆学构筑的一个重要突破口，或可称之为切入点。

边疆理论可研究的命题十分广泛，据目前的认知水平大体上可分为两大部类：一是中国疆域理论研究。可研究的命题诸如中国古代疆域形成和发展的历程和规律，中国古代疆域观、治边观的演变，"大一统"政治理想与中国古代疆域的形成，民族融合与中国古代疆域的形成，羁縻政策与中国古代疆域的形成，中国古代宗藩观的形成与演变，中国古代宗藩体制的形成与发展，宗藩关系与中国古代疆域的形成，中国历代宗藩关系特点，近代宗藩观的变迁与宗藩关系的解体，朝贡—册封体制的形成与发展，等等。二是中国疆域边界理论的比较研究。可研究的命题诸如东西方疆域观念的异同，西方对中国传统疆域观念的认知，近代西方边界理论对中国传统疆域观念的冲击，百年来中外疆域理论研究的发展历程与评议，等等。

在边疆理论研究方面，还应创造条件，积累资料，组织力量争取早日启动《中国边疆学通论》的研究与撰写。该项目具有研究的开拓性，理论的创新性，希望有更多的同人关心和参与此项目，通过共同努力，向社会奉献一册有时代特点的《中国边疆学通论》，为中国边疆学早日立于中国学科之林而奉献力量。

二是应在推动边疆教育上多下功夫。

推动边疆教育，这里的教育是指广义的教育，即包括学校教育和社会教育两个层面。关于学校教育，我们应借鉴 20 世纪 30—40 年代边政学建设的有益经验，创造条件在高等学校和有条件的研究机构设立边疆系或开设边疆学专门课程，培养受过专门训练的中国边疆学的硕士和博士，以应边疆研究深化和中国边疆学构筑的需要。

在社会教育方面，应加大宣传和普及边疆知识的力度，让国人更多地关心边疆、认识边疆、了解边疆，让学术走向大众，让大众了解学术，边疆研究工作者在这方面是大有可为的。

总之，构筑中国边疆学，从启动到完成是需要一个相对长期的进程，在此进程中除需要学人们深化研究外，从学科建设的操作层面上说，还要持续跨上如下两个台阶：

第一步是，将边疆史地列入一级学科历史学之下的专门史，作为二级学科，这一工作需要得到中国社会科学院和相关部门的协力才能完成。

第二步是，完成中国边疆学的学科构筑，使中国边疆学成为一级学科，并列入人文社会科学诸学科之林，这一步的实施不仅需要中国社会科学院的支持，还要得到国家的承认。

"我的愿望是构筑中国边疆学"，这是 2006 年岁末在接受北京电视台一次采访时我讲的一句话，之后成了此次采访稿的题名，① 我愿以此作为本篇短文的结束语。

解析：

本文是为《云南师范大学学报》（哲学社会科学版）开设"中国边疆学研究"专栏所撰，刊登在该刊 2008 年第 5 期。文中所述诸点，均是以往所论之综合，但由于该刊学术专栏的影响，自此之后，有关中国边疆学构筑的命题得到了学界同人更多的关注与参与。

---

① 马大正：《我的愿望是构筑中国边疆学》，《北京日报》2007 年 10 月 8 日。

略谈中国边疆学的构筑

一　中国边疆的战略地位和中国边疆研究的任务

（一）　中国边疆的战略地位包括历史发展的角度和现实的角度两个方面

从历史发展的高度认识。当代中国人继承了先辈给我们留下的两项举世瞩目、无与伦比的历史遗产。一是，幅员辽阔的统一多民族的国家；二是，人口众多、多元一体的中华民族，这是中国不同于世界上任何一个国家的特殊的国情。简单说，就是统一多民族的中国和多元一体的中华民族。

统一多民族的中国，是在经过了一个漫长和曲折的发展过程中大致定型的。从先秦时期开始，在现代中国领土内开始形成了一个核心区域，这个区域大致在黄河中下游至长江中下游一带。在这个中心区域建立政权的既有华夏也有"夷狄"，既有汉族也有少数民族。在国家的发展进程中，边疆地区的发展是它的有机组成部分，全国范围的发展状况，决定了边疆地区的发展水平，边疆地区的发展状况，对全国范围的发展也产生了重要的影响。

多元一体的中华民族，它既是一个民族共同体的概念，又是一个国族的概念。多元是指统一多民族国家形成过程中各民族所具有的个性和特色，也就是各民族在语言、地域、经济、文化、心理等方面所具有的多样性和表现形式上的特殊性。一体是指各民族在共同发展过程中相互融合、相互同化所形成的民族共同体的共同特征和一体化的趋势，这种由多元到一体的特点，在中华民族的形成过程中自始至终都是存在的。

两大历史遗产既是物质的，又是精神的，两大历史遗产有一个共同的关键点，或者可称为联系的平台，那就是边疆地区。所以从这个意义上来说，中国的边疆在中国历史发展的全过程中，具有特殊的战略地位。中国这个统一多民族国家，如果没有了边疆这个因素，统一多民族国家就不成为一个统一多民族国家，如果没有中国边疆地区存在，那么生活在边疆地区的，中华民族的各民族可能也进入不了统一多民族的范围里来了。

从现实的角度来认识可以从以下三方面来看。第一个方面，边疆地区仍然是中国国防的前线。尽管现在高科技的信息战等发展了，战争的形态也变了，但是中国的边疆地区仍然具有国防前线的特殊功能，是保卫中国安全的第一线。第二个方面，是改革开放的前沿，是我们走向世界的前沿舞台，也是展示中国实力的前沿舞台。第三个方面，是当代中国可持续发展的一个重要的组成部分。大家可以设想，如果边疆地区长期的落后，长期的滞后，何谈中国的全面发展？如果边疆地区不发展，我们怎么能够使中国进入小康社会？加之，陆疆地区地大物博，资源丰富，有取之不尽的宝藏。而按照《联合国海洋法公约》的有关规定，我国可以主张的管辖海域面积可达300万平方公里，接近陆地领土面积的三分之一。我们还有近40万平方公里的领海，70万平方公里的油气资源沉积盆地，约400亿吨的海洋石油资源量，约14亿立方米的天然气储量，太平洋海底还有我们向联合国申请到的7.5万平方公里锰结构开发区。1978年的时候，我国海洋经济只有三个传统的产业：渔业、交通、晒盐。现在，从产业结构的角度，已经从原来的三个产业发展到七八个主要的大产业，例如新兴的石油、滨海旅游、造船、滨海砂矿等，都呈现良好的发展势头。所以，边疆地区的发展关系着中国可持续发展的全局。

（二）中国边疆研究的两大任务

1. 中国边疆研究的对象

中国边疆研究的对象是中国的边疆，包括陆疆和海疆的历史和现状，可谓是上下五千年，东西南北中。中国边疆的发展不是孤立的，与统一多民族中国内地紧密相关，是相互补充、密不可分的，中国边疆的历史必须和全国的历史的发展，和中国历代封建王朝的治边政策，和中国疆域形成和发展进程结合起来。

2. 中国边疆研究的两大任务

第一，通过研究弄清楚中华人民共和国这个统一多民族国家形成和发展规律，以及多元一体的中华民族的形成发展规律。抓住我们的祖先留下了两大遗产：统一多民族国家和多元一体的中华民族。中国的边疆是中华人民共和国不可缺少的一部分。边疆居民是多元一体的中华民族不可缺少的一部分。要把统一多民族国家和多元一体的中华民族形成和发展的规律搞清楚，而且还要把这两者之间的互动关系搞清楚，因为多元一体的中华民族既是统一多民族国家发展的物质力量，又是一种精神力量，它能使人产生一种强大的民族凝聚力。

第二，要搞清楚中国疆域发展的历史和现状，在不同时期所处的地位及原因，中国边界形成发展的历史和现状，国境线形成、变迁的过程等问题。在这个范围内，具体的事件，具体的人，以及生活在边疆的少数民族的历史及发展都是我们的研究范围。中国边疆研究的内容既有宏观的，又有微观的，既有热点问题，也有诸多所谓的"绝学"，它有很多热点、疑点及难点问题等待我们去研究，它有着丰富的研究领域。

3. 中国边疆研究的优良传统

在长时期的发展过程中，中国边疆研究形成了优良的传统，而优良传统的形成，又进一步促进了中国边疆研究的持续发展。中国边疆研究的优良传统可以从很多方面进行总结，但如从中国边疆研究发展的全过程角度观察，"读万卷书、行万里路"的良好学风与"国家兴亡、匹夫有责"的责任心和使命感则可称是中国边疆研究优良传统的两条主线。

第一，读万卷书、行万里路的良好学风。读万卷书就是指中国边疆研究者大量地阅读掌握有关文献材料，以便在前人研究成果的基础上进一步研究和解决新问题；行万里路则是指中国边疆研究的发展也依赖于边疆研究者深入辽阔的边疆地区进行实地考察研究，在社会实践过程中所有发现，有所进步。就每一个有成就的边疆研究者来说，其"读书"与"行路"的经历可能有很大的差异，而就边疆研究发展的整体而言，"读书"和"行路"是相辅相成、缺一不可的。

在数千年中国边疆研究发展史中，有许多身体力行"读万卷书、行万里路"的典范。著名史学家司马迁祖上世代常作史官，本人从十岁起即开始读古史书，一生博览群书；他二十岁以后，又许多次旅行于全国，其足迹遍布四方，不但到过中原大部分地区，还到过许多中原的边缘（如甘肃东部等地）和西南边疆地区（巴蜀以南，即今川、贵、滇等地）。司马迁的"读书"和"行路"经历为他的不朽名著《史记》的著作奠定了坚实的基础。许多受过中国传统文化教育的知识分子（其可能还有官员、军人、僧侣等身份），当他们有机会涉足辽阔的边疆地区时，往往都为中国边疆研究的进步做出贡献。从某种意义上也可以说，"读书"和"行路"既是边疆研究新知之源，又构成边疆研究成果之流。"读万卷书、行万里路"的良好学风与我们现在提倡的读书与社会实践相结合和理论联系实际的要求方向是一致的。

第二，国家兴亡、匹夫有责的责任心和使命感。在涉及国家兴亡的大事方面，要唤起每个国民的责任心和使命感是我国爱国主义的优良传统。从宏观理论角度分析，每个国民要爱的国家应是不断发展中的中华多民族统一国家；而如从具体的历史的角度分析，情况就要复杂得多，因为这里有个对具体的国家、国家政权的辨析问题。如何辨析与匹夫有责的国家兴亡事，这在我国有着良好的传统标准，顾炎武讲："有亡国，有亡天下。亡国与亡天下奚辨？曰：易姓改号谓之亡国；仁义充塞，而至于率兽食人，人将相食，谓之亡天下。……是故知保天下，然后知保其国。保国者，其君其臣肉食者谋之；保天下者，匹夫之贱与有责焉耳矣。"① 从中国统一多民族国家发展史角度观察，一般地讲又有地区性的多民族统一国家和全国性的多民族统一国家之分，而后者又是在前者发展与前后两者交替矛盾发展的基础上形成的。边疆是统一多民族国家的重要组成部分，边疆的安危盛衰是与国家兴亡紧密相关的，因此从这个意义上讲，关心研讨边疆的安危盛衰就是关心研讨国家兴亡事。

在 20 世纪以前的漫长岁月里，绝大多数从事中国边疆研究的知识分子尽管在社会地位、政治倾向、学术渊源、个人经历等方面各不相同，他们对国家也可能有各自的理解，但对国家负有责任心和使命感却在他们当中形成了传统。在那个时代，边疆研究与经世致用思想往往是结合在一起的，"治学"和"治世"在不同程度上合而为一了。在近代中国统一多民族国家已经高度发展，新的边疆危机日趋严重，边疆研究事业也得到了很

---

① 顾炎武：《日知录》卷 13《正始》。

大的发展时期，边疆研究者对国家兴亡的责任心和使命感表现得尤为强烈，不管是有参政经历的姚莹、何秋涛，还是学者张穆；不管是官宦徐松，还是他的门客沈垚，他们都是很典型的范例。国家兴亡、匹夫有责的精神是边疆研究学者们对社会活动参与和对社会发展奉献精神的体现，是我国传统爱国主义思想的一部分。

二　中国边疆研究第三次研究高潮的出现

（一）中国边疆研究的历程

中国边疆研究的演进历程，可以用千年积累、百年探索、三十年实践来概括。

所谓千年积累。古代中国文明持续不断，文化传统世代相继，古代中国良好的史学传统，先辈对边疆状况的记述和对边疆问题的研讨是多角度、多层面、多形式的，给今人留下一笔宝贵的学术历史遗产。我们从纪传体通史和断代史，编年体史书和起居注、实录，典志体史书，地理书和方志，以及会要类、辑录类、目录提要类、笔记杂记类等历代文献中，特别是元、明、清三代众多笔记杂记类和私人著述中，均有丰富的边疆研究的历史记载，总之，先辈的千年积累，是我们研究中国边疆历史的最基础性文献资料。

所谓百年探索。这里的百年，实际上是涵盖了 19 世纪至 20 世纪两百年的时段，两个世纪以来，共出现了三次中国边疆研究的高潮。三次研究高潮分别是：19 世纪中叶至 19 世纪末，西北边疆史地学的兴起，是中国边疆研究第一次高潮的标志；20 世纪 20 年代至 40 年代边政学的提出与展开，是第二次中国边疆研究高潮的突出成就。①

1949 年 10 月，在古老而又久经磨难的中国大地上，发生了一件惊天动地划时代的大事，中华人民共和国成立了。但是在 20 世纪 50 年代至 70 年代间，除了帝国主义侵华史和中国民族史与中国边疆史地研究有密切关系的领域得到相当大的发展外，我们必须承认，从总体上看对于中国边疆

---

① 有关中国边疆研究第一次、第二次研究高潮的论述，可参阅马大正、刘逖《二十世纪的中国边疆研究———门发展中的边缘学科的演进历程》，黑龙江教育出版社 1997 年版，第 33—89 页。

研究的开展，并未带来太多实际的推动力，当时的实际情况是：中国边疆研究的总体性、完整性和重要性尚未为研究者所认识，即使是具有优良传统的中国边疆史地研究也遭到冷落。

这一时期研究的进展，从总体上看称之为兴起前的准备，是基于要充分认识到研究工作进展中所取得无论在研究成果，资料准备，还是在人才培养上的积累之功、功不可没！具体言：

其一，马克思主义为研究的指导思想给研究工作注入了全新的活力，并与"以史为鉴"的传统相结合，此时期的研究，从选题到成果都十分重视对大众的教育作用，以及直面现实生活中的实际问题，这也是中国边疆研究优良传统在新历史条件的延续。

其二，分散主题的研究，虽然造成了研究者未能将中国边疆作为独立研究客体从宏观和微观两方面开展研究，但与中国边疆密切相关的帝国主义侵华史的兴旺和民族史（包括民族调查）研究的崛起，从研究内容上为日后中国边疆研究打下了基础。

其三，研究队伍的培养、研究群体的出现。新中国自己培养的第一、二代研究工作者正是在这一时期得到了锻炼并走向成熟，成为日后中国边疆研究的骨干力量。

这一时期，中国边疆研究受到种种因素的制约，其制约因素，如下四端应是最重要的：

一是，新中国成立伊始、百废待兴，国家发展现状，不可能为中国边疆研究的开展提供一个有利的客观环境；或者说，现实社会生活还没有向学术界提出迫切开展中国边疆研究的呼声；

二是，立国之初、外患未消，帝国主义阵营对新生人民政权的禁运、封锁，迫使新中国在外交上实施"一边倒"政策，即倒向以苏联为首的社会主义阵营，加之对无产阶级国际主义的过分真诚，中国边疆研究涉及外交政策、民族政策，以及诸如边界走向等敏感问题，研究禁区大量存在，政府决策与学术研究两者界限严重混淆。所有这一切，大大制约了中国边疆研究的正常展开。

三是，大批判与继承学术遗产上的简单化倾向，造成当时对 20 世纪上半叶中国边政研究采取否定、摈弃的态度，加之上半叶有相当一批中国边疆研究者都有旧政权形式不同的政治背景，这就造成在这一时期，中国边疆研究在学术研究中鲜被提及，20 世纪上半叶大量边疆研究成果或因其作者的政治身份，或因其学科的资产阶级理论体系，不是被批判，就是不再为研究者提及。

四是，非学术因素对学术研究的冲击，缺少可以进行正常学术探讨的外部条件。1949 年后迅速膨胀的"左"的政治路线，日渐压挤学术民主。特别是 1958 年后的"史学革命""拔白旗"运动，实使研究屈从于政治。中国社会科学院近代史研究所的学者所撰《帝国主义侵华史》第一卷，被指责为"犯了方向性的严重错误，说它使我们自己的脸上无光，断言解放了的中国人民需要的是'扬眉吐气史'，而不是'挨打受气史'。就在这种'左'的思潮猛烈冲击下，研究组被撤销了，原有的人员被分散到其他组里去，编写工作由此中断。直到打倒'四人帮'后两年，才重新成立研究室，而时间流逝整整 20 年，造成工作上的极大损失"。同样，由民族研究所主办的《民族研究》出刊不久，即被指责犯了政治性错误，层层检查，并于 1960 年停刊整顿。

基于上述原因，50 年代以降造成了中国边疆研究停滞的局面，主要表现在：一是具有丰富内涵的中国边疆未成为独立的研究客体为研究者所认识、关注，更说不上系统进行研究；二是由于政治和意识形态，中国边疆研究的诸多方面成了禁区，资料封锁、成果难刊。我们将介于第二次与第三次研高潮之间的 20 世纪 50—70 年代称为中国边疆研究在受挫中坚持的特殊阶段。

（二）中国边疆研究第三次研究高潮

20 世纪 80 年代以来中国边疆研究第三次研究高潮出现的标志是研究中实现了两个突破：一是突破了以往仅仅研究近代边界问题的狭窄范围，开始形成了中国古代疆域史，中国近代边界沿革史和中国边疆研究史三大研究系列为重点的研究格局，促成了中国边疆史研究的大发展；二是突破了史地研究的范围，将中国边疆历史与现状相结合，形成了贴近现实，选题深化，成果众多的特色，至今这次研究高潮仍方兴未艾，显示出可持续发展的强劲势头。

第一个突破的关键点是设计并提出了在中国边疆史地研究领域里，开展三大研究系列的研究。

古代中国疆域史研究。其研究内涵十分丰富，尤其是其中的中国古代边疆政策，是一个带全局性的研究课题。它是中国边疆史地研究的传统项目，古今学者对此倾注了心血。中国历史上各代、各朝无不存在边疆问题，统治者相继制定和实施相应的边疆政策。中国古代边疆政策自秦汉时期初具规模，经唐、元、明、清诸强大统一王朝的补充、完善，渐成体系，其完整和丰富为他国历史所罕见。边疆政策的成败得失，不仅与彼朝彼代的存亡兴衰休戚相关，而且对统一多民族国家的形成和发展，也产生了不容低估的影响。及至今日，认真总结和评估古代边疆政策的成败得失对于维护国家统一、边疆稳定、民族团结仍是很有意义的。中国古代边疆政策的内涵十分丰富，研究层面很多，这是一个大有可为的研究领域。今天我们从统一多民族国家的形成和发展这一前提出发，又提出中国古代传统治边思想，中国历代边疆管辖制度等研究课题，新的研究课题提出，以及这些课题周缘的扩展，必将不断拓宽研究者的视野。由林荣贵主编《中国古代疆域史》四卷本（黑龙江教育出版社 2007 年版），是近年值得重视的学术专著。

开展中国近代边界变迁史的研究更是刻不容缓。半个多世纪来中国近代史、帝国主义侵华史、中外关系史、民族史、地方史等研究领域的丰硕成果及研究已达到的广度与深度，为深化近代边界变迁史研究创造了极有利的条件。当前，除吕一燃主编《中国近代边界史》二卷本，2007 年由四川出版集团·四川人民出版社出版外，还应开展多界面、多层次的专题研究，诸如地区性的边界变迁史；近代不平等条约与边界问题；近代中国边疆危机与中外诸方对策；近代边疆危机与边疆社会变化；等等。总之，这一领域关系到三百多年来中国社会发生的变化，以及中国与有关各国政治、外交、军事、经济、民族等方方面面。

从史学史角度系统收集与评述 20 世纪以来中国学者研究中国边疆史地的成果，是一件值得下大力气的工作。近代以来，中国边疆史地研究出现过两次高潮。第一次是鸦片战争后，资本主义列强用鸦片和大炮打开了闭锁的清帝国大门，一系列不平等条约的签订导致西北、东北、西南边疆相继出现严重危机，以魏源、何秋涛、夏燮、梁廷枏、徐继畬、曹廷杰等为代表的具有爱国主义思想的学者为抵御外侮，巩固边防，发愤潜心于边疆史地研究，他们的著作至今仍不失为警世之作，这一研究发展的势头至清末而不衰。第二次是在 20 世纪 20 年代至 40 年代，一批接受资产阶级史学理论和方法的中国学者，痛心于深重的民族危机，希冀通过边疆史研究，激发国人之爱国热诚，其成果令人瞩目。要了解 20 年代至 40 年代边疆史研究全貌，还有待进一步做细微工作，在宏观上，我们可以总体叙述这一时期中国边疆史地研究发展的成就与不足；在微观上，可研究学者、学术团体等个体的学术活动的成败得失。马大正、刘逖《二十世纪的中国边疆研究——一门发展中的边缘学科的演进历程》（黑龙江教育出版社 1997 年版）在这方面做了有益的尝试。

当然，上述三大研究系列，并不能包括中国边疆史地研究的全部内涵，诸如边界理论的研究；边疆史地研究与法学、外交学、民族学、社会学、考古学等众多学科的关系；作为一门多学科交叉的边疆学的内涵与外延，对象与方法等，都将成为学者们求索的对象。

在第三次研究高潮发展进程中，1988 年迄今的 20 多年间，三次全国性的中国边疆史地学术讨论会的召开，在深化中国边疆史地研究上，特别在推动三大研究系列的开展上起到了不可低估的作用。1988 年 10 月 22 日至 26 日，由中国社会科学院中国边疆史地中心与中国人民大学清史研究所联合主办的"中国边疆史地学术讨论会"在北京召开，来自全国 17 个省、市、自治区，包括汉、蒙、回、朝鲜、白、柯尔克孜等民族的 107 位学者参加了会议，会议收到论文 80 篇，内容包括中国历代边疆政策、边疆管辖、边疆开发、边疆经济与文化、边疆民族与民族关系、边臣疆吏、边界研究、边疆和边界研究概况与评述等多个方面，从不同侧面反映了当时我国边疆史地研究的成果和研究动向。《人民日报》以"中国边疆史地不再是学术禁区"为题，对会议做了报道。会议成果以《中国边疆史地论集》出版。

1999 年 9 月 12 日至 16 日，由中国社会科学院中国边疆史地研究中心与浙江省象山县人民政府联合主办了"第二届中国边疆史地学术讨论会"，北京、长春、哈尔滨、西安、兰州、乌鲁木齐、昆明、郑州、烟台、厦门、象山的近 40 位学者提交了 31 篇论文，内容包括中国边疆学构筑、边疆研究相关理论问题。不同历史时期的边疆治理和边疆管理体制、古代至近代的边疆开发、当代边疆民族社会调查与历史档案资料开发利用等方面。基于近百年来中国边疆研究发展的积累，尤其是 20 世纪 80 年代以来，中国边疆史地研究的兴旺，当代边疆问题日益为人们所关注，中国几代学者倾注心血的中国边疆理论研究和努力神往的中国边疆学的学科框架构筑被重新提上议事日程。中国边疆理论研究包括陆疆、海疆和边界的理论问题与实际的结合，探索中国边疆历史发展与统一多民族国家形成的发展规律。中国边疆学的构筑包括概念与范畴、学科性质和任务、体系和功能等，建立以马克思主义为指导的、有中国特色的中国边疆学理论体系。此次会议成果与同年 8 月 23 日至 26 日在乌鲁木齐召开的"世纪之交新疆历史研究回顾与展望学术研讨会"成果一并以《中国边疆史地论集续编》结集出版。

2006 年 8 月 6 日至 9 日，由中国社会科学院中国边疆史地研究中心与云南大学西南边疆少数民族研究中心联合主办的"第三届中国边疆史地学术研讨会"在昆明召开。来自北京、上海、辽宁、吉林、黑龙江、新疆、内蒙古、云南、四川、江苏等省、市、自治区的 70 多位学者出席了会议，共提交论文 45 篇。会议讨论涉及疆域理论研究、边疆治理与开发、边疆民族研究、中国边疆学的构筑等诸多方面。

通过上述科研实践，在中国边疆研究的总体认识上取得了如下共识：

一是初步理顺了研究与决策的关系。研究与决策有着密切关系，但不应将两者等同。研究的结论虽是进行正确决策的重要因素，但不是唯一因素。研究的最高原则是科学的求实，而决策的基本出发点是维护国家的根本利益。在研究与决策中，决策者是矛盾的主要方面，在正确处理两者关系时，决策者需要有更多的政治家气度与远识，应该为研究者进行实事求是研究提供更有利的条件和保证。当然，研究者也应发扬中国边疆研究的爱国主义和求实精神的优良传统为政治家、军事家的正确决策提供扎实、可靠的研究成果。我们认为处理好两者关系的关键是要区别研究与决策的不同内涵，真正做到把研究者的观点作为学者的观点来对待，切不可把研究者在边疆研究中发表的学术见解，错当成某种政见而给以过度的重视或过分的责怪。唯此，研究者才可能在边疆这一颇带敏感性的研究领域中进行大胆的探索，边疆研究的繁荣也就为期不远了。

二是正确认识了研究客体与从属的关系。由于多年来学术界将中国边疆史地研究的一些基本内容分别纳入断代史、地方史、民族史、中外关系史、历史地理等研究领域，极大地影响了这一边缘学科的健康发展。以具有丰富内容的中国古代边疆政策研究为例，长期以来学者们孜孜以求，研究古代封建王朝的民族统治政策，清王朝的喇嘛教政策，而极少从治理边疆的高度与广度来研究古代中国的边疆政策，究其缘由，主要是没有将边疆治理作为研究客体来考察、研究。因此，改变边疆史地研究长期从属于其他学科的局面，使边疆史地作为一个整体而成为研究的客体，是当前一项重要工作。唯此，我们才有可能提出并组织力量对一些重大课题进行研究，诸如中国边疆学、中国古代疆域史、中国近代边界沿革史、中国边疆研究史等。

20 世纪 80 年代以来出现的中国边疆研究第三次高潮，其重要标志之二是突破了边疆史地研究的范围，将中国边疆历史与现状相结合，形成了贴近现实、多学科相结合特点。自 20 世纪 90 年代始，当代中国边疆调查与研究日益为学者所关注，并自觉地实践于科研工作之中，中国社会科学院中国边疆史地研究中心在这方面的科研实践具有一定的代表性和示范性，我个人自始即参与其间，故以中国边疆史地研究中心的科研实践为对象，对当代中国边疆调查与研究展开的进程试作介绍。

（三）当代中国边疆研究的进程

当代中国边疆调查与研究展开的进程，大体上可分为酝酿、展开、深化三个发展阶段。

1. 酝酿阶段，大体上从 1989 年到 1996 年

中国边疆史地研究中心原是以中国边疆历史、地理等基础学科为研究重点的，我本人也是从事边疆民族历史研究的。我们研究的一个重要内容是历史上的边疆治理和开发，目的是想以史为鉴，为当代中国边疆的治理提供一些间接的参考。1987 年以来，我主持主编完成了三部专题研究论集：《中国古代边疆政策研究》《清代的边疆政策》《清代边疆开发研究》。这三本书出版后，有关方面反映都不错。

随着边疆历史研究的深入，我们日益感到研究边疆历史与了解边疆现

状密不可分，只有了解了现状，才能更好发挥以史为鉴的史学功能。同时史学工作者也应直接从事现状调研，并进一步开展相关的对策性研究。

1990 年，中国社会科学院对中国边疆史地研究中心（以下简称边疆中心）提出了加强当代中国边疆研究的任务，要求边疆中心站在历史的高度看现状，组织当代中国边疆调研课题。我们的"当代中国边疆系列调查研究"就是在这样背景下起步的。具体到立项的内容，即重点研究当代边疆的什么问题，也是经过反复斟酌后确定的。当时比较热门的是经济发展战略研究，但历史研究属人文科学，所以我们决定发挥原有的长处，将当代边疆研究的重点定在有关边疆稳定的现状和面临问题的调研上。在此基础上积累一定的资料，再拓展研究范围。而选中的第一个"切入点"是从历史、民族、宗教等方面入手，综合研究新疆的稳定问题。1990 年，"当代中国边疆系列调查研究"课题作为中国社会科学院的重点课题予以立项。

"当代中国边疆系列调查研究"分为阶段性工程，每期工程 2—3 年，1990 年至 1996 年完成了两期工程，前两期工程共撰写了五篇调研报告，它们是《关于海南省海疆管理和南沙海区现状调查》（1992 年）；《云南边疆地区稳定与发展现状及其对策》（1995 年）；新疆方面占了三个：1990 年《新疆维吾尔自治区博尔塔拉蒙古自治州建置、边界的历史与现状》；1993 年《新疆稳定与发展若干问题的评估与建议》；1996 年《新疆地区反分裂斗争的历史与现状：1950—1995 年》。上述三个调研报告各有特点，《新疆维吾尔自治区博尔塔拉蒙古自治州建置、边界的历史与现状》是选择了新疆的一个边境自治州作为点进行调研；而 1993 年的《新疆稳定与发展若干问题的评估与建议》则是对新疆稳定与发展的一些带全局性问题的认识和研究。该报告提出了三点见解至今仍有参考价值：一是新疆反分裂斗争的严峻性和尖锐性。新疆社会稳定面临严峻挑战，所以既要有长期作战的思想准备，同时要将新疆的稳定问题作为一项系统工程，从战略的高度进行研究，提出对策，实施综合治理。二是对分裂势力的破坏活动要加大打击的力度，相应的措施要落实。三是要树立"是什么问题，就作什么问题来处理"的观念，强化法制，按法律该抓的就抓，该判的就判。敢于解决问题，而不要什么事都往民族问题上挂。

20 世纪上半叶，新疆地区分裂与反分裂斗争时断时续，中华人民共和国成立以来反分裂斗争又呈现一些新的特点，而对此几乎无人研究，所以我们考虑先将新中国成立以来新疆地区所发生的各种分裂破坏活动进行系统汇总，分类排比，综合研究，以寻求反分裂斗争的内在规律和经验教训，作为新疆稳定问题系统研究的第一步。这项工作是 1994 年立项的，我们选择了新疆反分裂斗争现状，先搞对抗性的矛盾，即武装叛乱和骚乱，人民内部矛盾和意识形态方面的问题放在第二步搞。现在看来，这个选题立项是具有超前性的。1996 年 8 月，《新疆地区反分裂斗争的历史与现状：1950—1995 年》调研报告脱稿。年底定稿排印，1997 年 1 月报送交有关方面领导参阅，立即引起了有关方面的反响和重视。随后 2 月份新疆发生了"2·5"伊宁骚乱事件和"2·25"乌鲁木齐系列爆炸案件，这项研究成果的意义更显得突出。现在看来，之所以反响大、反映好，从成果看首先是选题定得好，我以为是具有政治敏锐性和超前性；其次是材料新，所使用的资料均为有关部门的第一手资料，以往只有个别材料在小范围内使用过，像这样系统排列、对比分析研究还是第一次。此外，中国社会科学院科研局等有关部门的支持对于课题的完成也起了关键的作用。

2. 展开阶段，大体上从 1997 年到 2000 年

这一阶段，边疆中心在总结以往调研的基础上又先后完成了七篇调研报告，云南方向的有《云南禁毒工作追踪调研》（1997 年），《泰国"改植工程"与云南"替代种植"的比较研究》（1999 年），《越南毒品问题对我云南边疆地区的影响》（2000 年）；东北方向的有《朝鲜半岛形势的变化对东北地区稳定的冲击》（1998 年）；新疆方向的有《新疆社会稳定战略研究》（1999 年），《新疆反暴力恐怖活动借鉴——以色列反恐怖主义斗争研究》（1999 年），《新疆生产建设兵团布局与新疆稳定研究》（2000 年）。

上述调研报告拓展了调研范围，深化了调研内容，更为重要的是，我们从大量的调研所得形成了对当代中国边疆稳定形势的战略判断。

当代中国边疆稳定面临严峻的挑战。按性质类型分，可分为两种类型。

第一种类型，政治类型。政治类型中又可以分为三种情况。第一种情况，国外敌对势力要把我们某些边疆省区从统一多民族的中国中分裂出去，所以在政治上表现为分裂和反分裂的斗争，这种斗争是全方位的，既

有政治战线上的斗争，也有意识形态领域的斗争，还有武装斗争。第二种情况，由于边疆地区相关联的境外地区的不稳定，造成的冲击。就是说问题不在境内，而是在境外，由于境外的不稳定，给相邻的边疆地区的稳定造成了负面影响。第三种情况，由于历史上遗留的边界问题没有得到彻底解决，存在边界纠纷，影响了相关地区稳定的局面。

根据这三种情况，从当代中国来说，政治类型的第一种情况，分裂与反分裂，当代中国最突出的地区是台湾、新疆和西藏。这些地区的一些政治势力要搞分裂，要闹独立。

第二种情况，目前表现在东北边疆地区。东北边疆地区本身也存在很多问题需要克服，需要解决。但是现在最大的挑战是来自朝鲜半岛。朝鲜半岛政治形势发展的不确定性给东北边疆地区的稳定带来了很多负面的影响。

第三种情况，遗留的边界问题。遗留的边界问题从当前陆地边界来看，主要是中印边界的历史遗留问题。从海疆来看，一个是钓鱼岛的争端，一个是南沙群岛主权的争端，近几年还有东海海疆的划界。

第二种类型，是经济类型。经济类型相对比较简单，就是某些势力集团为了追逐高额利润，在我们的边疆地区进行跨国犯罪，包括贩毒、拐卖人口、走私枪支等，特别是贩毒。这一点从当前来说，热点地区还是云南、广西，特别是云南，因为它紧邻金三角。这种犯罪活动，特别是贩毒，确实对当地的社会方方面面带来了非常严重的负面影响。

当代中国边疆稳定面临的挑战主要是这两种类型。根据这两种类型，我们从研究的角度确定了四个重点地区和一个次重点地区。四个重点地区的台湾、新疆、西藏和海疆；一个次重点地区是东北边疆。

3. 深化阶段，大体上是 2001 年以来

2001 年由边疆中心主持的中国社会科学院重大项目"东北边疆历史与现状系列研究工程"，2004 年由边疆中心主持的国家社科基金特别项目"新疆历史与现状综合研发项目"先后启动，均为期五年；2008 年在边疆中心的推动并参与下，由中国社会科学院主持的国家社科基金特别项目"西南边疆历史与现状综合研究项目"也已启动，为期也是五年，上述三个研究项目的共同特点是将中国边疆的历史与现状相合进行全方位有重点

的研究。

上述项目引起国内学术界的广泛关注，先后有 400 余人次主持或参与课题研究，从而全面推动了东北边疆、新疆历史与现状的学术研究。东北边疆及新疆历史与现状研究领域的迅速推进，对其他边疆地区的学术研究产生了良好的辐射作用，在两大项目的带动下，北部边疆、西南边疆、西藏、海疆等领域的学术研究不同程度地呈现蓬勃向上的势头。2001 年以来边疆研究领域从课题遴选到学术成果，较之以往均有大幅增加。国家社科基金课题中有关边疆问题的课题所占比例呈逐年增加的趋势；高校系统在边疆研究领域的学术活动也十分活跃，呈现出课题来源多，课题分布广、教研结合、新人辈出的特点。

课题研究的普遍开展，极大地强化了基础理论的研究，中国边疆学学科体系、中国历代疆域形成和发展、历代边疆治理、历代宗藩关系等前沿问题，成为学术界讨论的重点；同时多角度、多层面深度解读中国边疆稳定与发展的创新性科研成果纷纷面世。

三　中国边疆学的构筑

"创立一门以探求中国边疆历史和现实发展规律为目的新兴边缘学科——中国边疆学，这就是肩负继承和开拓重任的中国边疆研究工作者的历史使命！"[①] 这是我在《二十世纪的中国边疆研究——一门发展中的边缘学科的演进历程》一书结尾处写下的一段话，既是自己的心愿，也是我对同人们的寄望。

一晃 10 余年过去，其间中国边疆研究得到了持续的发展，在开拓与深化的进程中，对中国边疆学构筑的研究，也日益为学人关注，时有专论此题的新作闻世，较重要者，著作类有：吴楚克《中国边疆政治学》（中央民族大学出版社 2005 年版），罗崇敏《中国边政学新论》（人民出版社 2006 年版），周平《中国边疆治理研究》（经济科学出版社 2011 年版）等；论文类有：吴楚克《建设当代中国边疆政治学应有的理论思考》（《中央民族大学学报》2003 年第 6 期），方铁《论中国边疆学学科建设的

[①]　马大正、刘逖：《二十世纪的中国边疆研究——一门发展中的边缘学科的演进历程》，第 285 页。

若干问题》（《中国边疆史地研究》2007 年第 2 期）等。

1997 年以来，关于中国边疆学构筑的思考，于我也未敢松懈，先后刊发的文章有《从中国边疆研究的发展到中国边疆学的构筑》（《光明日报》1999 年 1 月 8 日，第七版），《思考与行动——以边疆研究深化与边疆中心发展为中心》（《中国边疆史地研究》2001 年第 1 期），《关于边疆研究若干问题的思考》（《中国边疆史地研究》2002 年第 1 期），《组织跨学科力量对中国边疆重大问题研究进行联合攻关》（《中国边疆史地研究》2002 年第 4 期），《关于构筑中国边疆学的断想》（《中国边疆史地研究》2002 年第 3 期），《深化边疆理论研究与推动中国边疆学的构筑》（《中国边疆史地研究》2007 年第 1 期），《边疆研究应该有一个大发展》（《东北史地》2008 年第 4 期），《边疆研究者的历史责任：构筑中国边疆学》（《云南师范大学学报》2008 年第 5 期），《关于中国边疆学的构筑》（《东北史地》2011 年第 6 期）等，上述文章记录了我对构筑中国边疆学这一大命题进行不断思考的演进思路。

承载着千年传统，百年积累和 30 年探索的中国边疆研究，今日面临着新的跨越——构筑中国边疆学，这是学科发展的必然趋势，也是建设有中国特色社会主义的需要。每一个边疆研究工作者应认清自己的历史责任，抓住机遇，迎接挑战。

随着学术的不断进步，顺应社会现实的要求，作为一门发展中的边缘学科，仅仅围绕边疆历史研究而展开理论研究的传统格局已经被打破，学术界在深入研究中国边疆历史的同时，更加关注中国边疆的现实问题。同时，在边疆问题研究中，多学科相互交叉、相互渗透、相互交融，研究者普遍将历史学、民族学、考古学、宗教学、法学、社会学、国际关系等学科的理论和方法结合在一起，以更加多样化的视角来审视中国边疆的历史和现状，因而呈现历史研究与其他学科有机结合的特点，跨学科研究渐成趋势。

（一）向中国边疆学转型的原因

中国边疆史地研究由单一学科层面向多学科层面的发展，既符合学术发展的一般规律，又凸显出该学科的独特性。当仅仅依托单一学科的理论、方法和手段已不足以全面诠释中国边疆所面临的诸多问题时，由中国边疆史地研究向中国边疆学的学术转型就成为必然。这一学术转型建构于以下四个方面的原因：

首先，中国边疆史地研究具有优良史学传统，特别是 20 世纪最后 20 余年学术研究所取得的重大成就，为学科的发展奠定了良好的基础；随着学科体系的不断完善，以及新思路、新方法的不断出新，研究的层面以及研究者的视角将向更深入、更广阔的方向发展。

其次，随着研究的深入，边疆研究中的难点问题层出不穷，以往研究中被忽视或研究不够深入的大量理论问题日益成为本学科不可回避的课题，这些课题具有重要的学术价值和现实意义，从而为研究者的科研活动提供了巨大的空间，也展示出中国边疆学学科的发展潜力。

再次，基础研究与应用研究相结合的发展趋势，为本学科领域注入了新的活力。时代的发展不断提出新问题和新要求，尤其是边疆学研究领域，面临着诸多新的挑战，研究者必须直面中国边疆稳定与发展中所产生的种种问题。无论是传统的历史学研究，还是具有时代特点的现实问题研究，都不是孤立存在的，把二者融为一体进行贯通性研究，在历史的长河中探索当代中国边疆治理的重大问题，既是社会科学研究功能的体现，也是本学科不断蓬勃向上的客观要求。

最后，跨学科研究凸显本学科发展潜力。就学科本身的特性而言，在边疆问题研究中，历史学无疑是最基础、最重要的学科门类，只有对中国疆域形成、发展的历史有科学、深入的研究，才可能使我们准确把握中国统一多民族国家演进的规律，从而为中国边疆研究奠定坚实的理论基础。但是毋庸讳言，仅从历史学的角度来解决中国边疆的问题，显然有很大的局限性。由于学科的分野，加之中国边疆的多样性、复杂性，决定了中国边疆问题的研究需要集纳多学科的理论和方法，学科间互通、交融的趋势大大增强。各相关学科门类从理论到方法的成熟性，以及中国边疆学术领域跨学科研究的大量实践，为中国边疆学的构筑提供了有益的保障。

（二）当下构筑中国边疆学的主要任务

中国边疆研究学科发展的三步跨越，即从中国边疆史地研究到中国边疆研究，再到中国边疆学的构筑。今天，"中国边疆学"已经呼之欲出，其意义在于，首先，它将大大拓展中国边疆研究的学术内涵和外延，有益于进一步整合各种学术资源，从而使中国边疆的理性研究步入更加良性的发展轨道；其次，通过对中国疆域形成、发展过程中在不同历史阶段的不同表现形态的研究，深刻揭示出我国统一多民族国家形成、发展的历史规律；最后，通过对中国边疆稳定与发展若干层面的研究，将为构筑当代中国边疆的发展战略提供坚实的理论基础。

1. 构筑中国边疆学的六项思考

2003 年我在纪念中国边疆史地研究中心成立 20 周年时曾对构筑中国边疆学提出六项思考要点，① 简言之：

一是，认真总结前人研究成果，是构筑中国边疆学的重要学术基础。

二是，更自觉地面对当代中国边疆的重大理论问题和实际问题，将有助于深化对构筑中国边疆学紧迫性的认识。

三是，中国边疆学的定位与功能，即中国边疆学是一门研究中国边疆形成和发展规律的多学科交叉的边缘学科，是一门极具中国特色的新兴学科；中国边疆学的基本功能可以归纳为文化积累功能和资政育民功能两大方面；具体说，又与分解为描述功能、解释功能、预测功能、教育功能。

四是，中国边疆特定的研究对角决定了研究的三个有机结合，即从研究对象——中国边疆言，是历史与现实的结合；从研究类型的分类言，是基础研究与应用研究的结合；从研究方法言，是多种学科研究方法的整合。而由此决定了中国边疆学研究具有理论性、综合性、现实性、实践性的特点。

五是，中国边疆学学科内容分类，可包括两大领域，暂以"中国边疆学·基础研究领域"和"中国边疆学·应用研究领域"来区分。前者包括中国边疆理论，中国历代疆域、历代治边政策、边疆军事，边疆经济、边疆人口、边疆民族、边疆文化、边疆地缘政治、边界变迁、边疆考古、边疆重大事件与人物等诸多研究方面，而后者则是基础研究各方面研究内容的时限延伸，是对当代中国边疆发展和稳定全局的战略性、预测性的宏观与微观相结合的研究，其与基础研究领域的不同点主要表现为有更强的

---

① 参阅《关于构筑中国边疆学的断想》，《中国边疆史地研究》2003 年第 3 期。

现实针对性。上述所列仅是其中的主要内容，随着中国边疆学学科体系构筑的完成和完善，其内涵将更加完善和系统。

六是，全面深化中国边疆研究是推动中国边疆学构筑的原动力，同时大力推动边疆教育事业，使全社会对中国边疆的关注与重视成为现实，为中国边疆学构筑的实践创造良好的外部环境。

以上六端，可能挂一漏万，但确是我在构思中国边疆学如何构筑中做什么、怎么做的思考，将此作为一个讨论问题的"靶子"，也许有助于推动构筑中国边疆学的步伐。

2. 构筑中国边疆学的两大要务

构筑中国边疆学，我辈学人需要做很多事，即古语所谓：九层之台，起于累土；千里之行，始于足下。当前急办之事，以愚见以下两项可谓要务：

一是，边疆理论综合研究应成为中国边疆学构筑的一个重要突破口，或可称为切入点。

边疆理论可研究的命题十分广泛，据目前的认知水平大体上可分为两大部类：一是中国疆域理论研究，可研究的命题诸如中国古代疆域形成和发展的历程和规律，中国古代疆域观、治边观的演变，"大一统"政治理想与中国古代疆域的形成，民族融合与中国古代疆域的形成，羁縻政策与中国古代疆域的形成，中国古代宗藩观的形成与演变，中国古代宗藩体制的形成与发展，宗藩关系与中国古代疆域的形成，中国历代宗藩关系特点，近代宗藩观的变迁与宗藩关系的解体，朝贡—册封体制的形成与发展，等等。二是，中外疆域边界理论的比较研究，可研究的命题诸如东西方疆域观念的异同，西方对中国传统疆域观念的认知，近代西方边界理论对中国传统疆域观念的冲击，百年来中外疆域理论研究的发展历程与评议，等等。为了更好推动边疆理论研究的深化，我认为应抓住中国边疆治理这个命题不放。研究中掌握古今贯通、多学科理论和方法的结合与运用的原则，开展当代边疆治理中的发展与稳定，开发与生态环境保护，边疆多元文化的冲突与协调，边疆民族认同与国家认同，边疆地区社会管理与社会控制，地缘政治与边疆地区的涉外关系，边防与边境管理，边疆治理与边吏素质等命题的研究。

为了将边疆理论研究顺利、有序、扎实地展开，在研究中我以为如下三点应予以特别的关注：

其一，面对现实和求真求善。历史、现实和未来总是相互联系在一起的：历史就是现实的昨天，未来则是现实的明天。边疆研究的对象中国边疆，其本身即具有历史与现实紧密结合的特点，因此，研究边疆理论必须依托历史、面对现实和着眼未来，这既是中国边疆的现实向我们提出的要求，也是中国边疆学学科建设的需要。边疆理论研究不仅要探求统一多民族中国疆域和多元一体中华民族形成、发展的规律，还应从理论高度了解中国边疆现状和解决现实中的问题的思路与办法。要完成上述任务，更应坚持求真求善的优良学风。1993 年我曾说过："中国古代传统史学研究，有着求真求善的优良传统。从汉代杰出史学家司马迁起，求真求善即成为每一位有成就的史学家追求的目标。司马迁的求真，即要使其史书成为'其文直、其事核、不虚美、不隐恶'的'实录'（《汉书·司马迁传》）；而求善则是希望通过修史而成一家之言，即通过再现历史的精神来展现自己的精神。与此紧密相关的就是经世致用的传统。求真求善才能得到经世的理论体系，致用则是要使理论研究达到实用的目的。"① 上述这段话当时主要是指边疆史地研究，我想对边疆理论研究也应该是适用的。

其二，中国视野与世界视野。中国边疆研究要有大视野，也就是说要有中国视野和世界视野。所谓中国视野：中国边疆是统一多民族中国的不可分割的组成部分，又是多元一体中华民族中众多少数民族主要栖息地，从历史角度看，中国边疆是统一多民族中国、多元一体中华民族这两大历史遗产的关键点、连接平台；从现实角度看，中国边疆既是当代中国的国防前线，也是当代中国的改革开放前沿，还是当代中国可持续发展的重要组成部分。所以研究中国边疆，包括边疆理论，不能就边疆论边疆，一定要有中国视野，也就是说，研究时要心有中国全局。

所谓世界视野：中国边疆的地理的和人文的特殊性，与周边国家和地区具有千丝万缕的关系，因此，我们要自觉地把中国边疆的历史和现状放到世界的背景中观察评议和研究，既要纵向分析，也要横向比较。以清代边疆政策研究而言，只有具备了世界视野，才能认识到清代的边疆治理未

---

① 马大正：《当代中国边疆研究工作者的历史使命》，载马大正《边疆与民族——历史断面研考》，黑龙江教育出版社 1993 年版，第 5 页。

能正确应对由内边防务到外边防务为主的根本性转变，这是清代边疆政策由成功到失败的主要原因。大家知道，古代中国疆域之边有"内边""外边"之分。统一时期的边疆治理，通常是指中央政权对控制薄弱的少数民族地区所采取的防范和治理措施；分裂时期的边疆治理，通常是指在政权与政权之间的对峙地区和对边远少数民族地区采取的防范措施。古代中国历史疆域内的大小政权的"边"，可视为"内边"。明代以后，情况发生了变化，明代的倭患持续了近200年，随着西方殖民主义的东来，17世纪以降，荷兰侵占中国台湾，俄罗斯侵入黑龙江流域。1840年鸦片战争后，我国新疆、西藏、云南、广西等一些边疆省区和沿海地区外患日益突出，出现了边疆全面危机的严重局面。殖民主义入侵，可称为"外边"之患。应该说，明代以降，特别是近代以来，在中国内边防务依然存在的同时，现代意义的边防即外边防务问题日益凸显。可是清朝统治者面对边疆防务这种变化的形势，仍沉迷于治理"内边"的传统边疆政策而不思防备外患之策，致使清朝前期边疆政策的成功与辉煌很快成了明日黄花，清后期边疆政策的全面破产，是清朝丧权辱国、割地赔款的一个重要因素。[①]

其三，"两个分开"[②] 与求同存异。中国疆域历史和现实中存在诸多难点和热点问题，对此，边疆理论研究必然要予以正视，并探索解决之途。这些难点与热点问题的出现，原因是多方面的，归纳起来主要有：一是研究层面。由于历史情况复杂，史籍记载多有歧义，引起研究者们探求的兴趣，此类难点、热点问题，可以通过深化研究进而逐步解决。二是政治层面。这一层面原因又可分为正常的和不正常的两类。所谓正常的，是指不同国家出于国家利益的考虑，要建立本国的历史体系，强调自己国家历史的悠远、维护独立传统之辉煌。对此，即便有悖历史的真实，可以求同存异，以宽容之态度待之。所谓不正常的，是指个别国家或个别团体、个人出于狭隘民族国家利益考虑，不惜故意歪曲历史事实，并将历史问题现实化、学术问题政治化，通过被歪曲的历史事实，煽动民族主义狂热，制造事端。对此，我们则应讲明历史真相，有利、有理、有节，据理力争，决不姑息迁就。

---

① 参见马大正《世界视野与清史纂修工程》，《清史论集》上册，人民出版社2006年版。
② "两个分开"是指在研究中应坚持学术与政治分开、历史与现实分开的原则。

上述原因是相互交织又是互相影响的，情况十分复杂。对此，我们应本着国家利益高于一切的原则，保持政治警觉，潜心深化研究，对一些有争议的问题，在坚持学术问题与政治分开、历史问题与现实分开的前提下，倡导和而不同，增信释疑，求同存异，在学术的轨道上心平气和地展开讨论。①

二是，应在推动边疆教育上多下功夫。

推动边疆教育，这里的教育是指广义的教育，即包括学校教育和社会教育两个层面。关于学校教育，我们应借鉴 20 世纪 30—40 年代边政学建设的有益经验，创造条件在高等学校和有条件的研究机构设立边疆系或开设边疆学专门课程，培养受过专门训练的中国边疆学的硕士和博士，以应边疆研究深化，中国边疆学构筑的需要。

在社会教育方面，应加大宣传边疆和普及边疆知识的力度，让国人更多地关心边疆、认识边疆、了解边疆，让学术走向大众，让大众了解学术，这方面边疆研究工作者是大有可为的。

总之，构筑中国边疆学从启动到完成是需要一个相对长期的进程，在此进程中除需要学人们深化研究外，从学科建设的操作层面上说，还要持续跨上如下两个台阶：第一步是，将边疆史地列入一级学科历史学之下的专门史，作为二级学科，这一工作需要得到中国社会科学院和相关部门的协力才能完成。第二步是，完成中国边疆学的学科构筑，使中国边疆学成为一级学科，并列入人文社会科学诸学科之林，这一步的实施不仅需要中国社会科学院的支持，还要得到国家的承认。

解析：

2013 年 4 月 11 日我在新疆师范大学昆仑名师讲坛（第 40 讲）上做了题为"关于中国边疆学构筑的几个问题"的演讲，之后据拙著《热点问题冷思考——中国边疆研究十讲》（上海辞书出版社 2013 年版）第七讲"中国边疆研究大趋势"和第八讲"中国边疆学的构筑"的内容，结合讲演稿修改补充而成本文，刊登在《新疆师范大学学报》（哲学社会科学版）

① 参见马大正《中国疆域的形成与发展》，《中国边疆史地研究》2004 年第 3 期。

2013 年第 5 期，取题名《略论中国边疆学的构筑》。在此之前，我还应
《东北史地》编辑部之约撰写了《关于中国边疆学构筑的几个问题》刊登
在该刊 2011 年第 6 期，《新华文摘》2012 年第 2 期还做了转载。相比两
文，本文阐论更为翔实。

21 世纪以来中国边疆学者对
中国边疆学构筑的探索

一 构筑中国边疆学是中国边疆研究学科发展的必然趋势

综观中国边疆研究的演进历程，可以用千年积累、百年探索两句话来概括。

（一）千年积累

中国历史悠久，疆域辽阔，今人如想认识研究数千年来边疆发展状况，肯定会遇到许多困难，史料匮乏、零散是其中最主要的问题。但与世界其他国家、地区相比较，研究古代中国则有两点有利条件：一是古代中国文明持续不断，文化传统亦世代相继；二是古代中国有良好的史学传统。史学是以求真为前提的，但求善也是史学重要的社会功能。关于边疆纪实及研究的历史遗产既是前人对边疆实况的记录，也往往反映了著者的世界观和方法论。在史学的发展过程中，求真与求善是一对矛盾的统一体，因受社会因素和个人因素的制约，历史文献都会有程度不同的局限性，因此辨析真善始终是史学工作者的重要任务。

（二）百年探索

这里的百年，实际上是涵盖了 19 世纪至 20 世纪两个百年的时段。

在这一时段中，是中国历史巨变的两百年，经历了清朝由盛转衰到灭亡，从中华民国到中华人民共和国。民族危亡，民族振兴是这一历史时段主旋律之一。中国边疆研究在这样的历史大背景下，也经历了兴旺、衰微、再兴旺的历程，两个世纪来，共出现了三次中国边疆研究的高潮，三次研究高潮分别是：19 世纪中叶至 19 世纪末，西北边疆史地学的兴起，是中国边疆研究第一次高潮的标志；20 世纪 30 年代至 40 年代边政学的提出与展开，是第二次中国边疆研究高潮的突出成就。

（三）30 年实践

20 世纪 80 年代以来中国边疆研究第三次研究高潮出现的标志是研究中实现了两个突破：一是突破了以往仅仅研究近代边界问题的狭窄范围，开始形成了中国古代疆域史，中国近代边界沿革史和中国边疆研究史三大研究系列为重点的研究格局，促成了中国边疆研究的大发展；二是突破了史地研究的范围，将中国边疆历史与现状相结合，形成了贴近现实、选题深化、成果众多的特色，至今这次研究高潮方兴未艾，显示出可持续发展的强劲势头。很显然我所亲历的中国边疆史地研究中心研究实践成为上述两个突破实现的实实在在助推力。

"创立一门以探求中国边疆历史和现实发展规律为目的的新兴边缘学科——中国边疆学，这就是肩负继承和开拓重任的中国边疆研究工作者的历史使命！"[①] 这是我在《二十世纪的中国边疆研究——一门发展中的边缘学科的演进历程》一书结尾处写下的一段话，既是自己的心愿，也是我对同人们的寄望。

承载着千年传统，百年积累和 30 年探索的中国边疆研究，今日面临着新的跨越——构筑中国边疆学，这是学科发展的必然趋势，也是建设有中国特色社会主义的需要。每一个边疆研究工作者应认清自己的历史责任，抓住机遇，迎接挑战。

随着学术的不断进步，顺应社会现实的要求，作为一门发展中的边缘学科，仅仅围绕边疆历史研究而展开理论研究的传统格局已经被打破，学术界在深入研究中国边疆历史的同时，更加关注中国边疆的现实问题。同时，在边疆问题研究中，多学科相互交叉、相互渗透、相互交融，研究者普遍将历史学、政治学、民族学、考古学、宗教学、法学、社会学、国际关系等学科的理论和方法结合在一起，以更加多样化的视角来审视中国边疆的历史和现状，因而呈现历史研究与其他学科有机结合的特点，跨学科研究渐成趋势。

[①] 马大正、刘逖：《二十世纪的中国边疆研究——一门发展中的边缘学科的演进历程》，黑龙江教育出版社 1997 年版，第 285 页。

中国边疆研究由单一学科层面向多学科层面的发展，既符合学术发展的一般规律，又凸显该学科的独特性。当仅仅依托单一学科的理论、方法和手段已不足以全面诠释中国边疆所面临的诸多问题时，由中国边疆史地研究向中国边疆学的学术转型就成为必然。这一学术转型建构于以下四个方面的原因：

首先，中国边疆史地研究具有优良史学传统，特别是 20 世纪最后 20 余年学术研究所取得的重大成就，为学科的发展奠定了良好的基础；随着学科体系的不断完善，以及新思路、新方法的不断出新，研究的层面以及研究者的视角将向更深入、更广阔的方向发展。

其次，随着研究的深入，边疆研究中的难点问题层出不穷，以往研究中被忽视或研究不够深入的大量理论问题日益成为本学科不可回避的课题，这些课题具有重要的学术价值和现实意义，从而为研究者的科研活动提供了巨大的空间，也展示出中国边疆学学科的发展潜力。

再次，基础研究与应用研究相结合的发展趋势，为本学科领域注入了新的活力。时代的发展不断提出新问题和新要求，尤其是边疆学研究领域，面临着诸多新的挑战，研究者必须直面中国边疆稳定与发展中所面临的种种问题。无论是传统的历史学研究，还是具有时代特点的现实问题研究，都不是孤立存在的，把两者融为一体进行贯通性研究，在历史的长河中探索当代中国边疆治理的重大问题，既是社会科学研究功能的体现，也是本学科不断深化的客观要求。

最后，跨学科研究凸显本学科发展潜力。就学科本身的特性而言，在边疆问题研究中，历史学无疑是最基础、最重要的学科门类，只有对中国疆域形成、发展的历史有科学、深入的研究，才可能使我们准确把握中国统一多民族国家演进的规律，从而为中国边疆研究奠定坚实的理论基础。但毋庸讳言，仅从历史学的角度来解读中国边疆的问题，显然有很大的局限性。由于学科的分野，加之中国边疆的多样性、复杂性，决定了中国边疆问题的研究需要集纳多学科的理论和方法，学科间互通、交融的趋势大大增强。各相关学科门类从理论到方法的成熟性，以及中国边疆学术领域跨学科研究的大量实践，为中国边疆学的构筑提供了有益的保障。

二 构筑中国边疆学的科学探索

（一）边疆理论研究的探究

在构筑中国边疆学的大视野下，边疆理论研究的命题十分广泛，据目前的认知水平大体上可分为四大方向：

一是，中国边疆学构筑的理论探究。包括中国边疆学的学科定位，学科的内涵与外延，学科的方法与功能，等等；

二是，中国古代疆域形成和发展的历程和规律研究。包括中国古代疆域观，治边观的演变，"大一统"政治理想与中国古代疆域的形成，民族融合与中国古代疆域的形成，羁縻政策与中国古代疆域的形成，中国古代宗藩观、宗藩体制的形成与发展，中国历代宗藩关系特点，近代宗藩观的变迁与宗藩体系的解体，朝贡—册封体制的形成、发展与解体，等等；

三是，当代中国边疆治理理论与实践研究。包括边疆地区的战略地位，边疆地区的行省与民族区域自治制度，边疆地区社会的稳定与发展，边疆地区的民族和谐与宗教事务，边疆地区与周边国家关系，等等；

四是，中外疆域、边界理论的比较研究。包括东西方疆域观念的异同，西方对中国传统疆域观念的质疑与认知，近代西方边界理论对中国传统疆域观的冲击，百年来中外疆域理论研究的发展历程与评议，等等。

本文将重点对 21 世纪以来上述后三个方向的研究演进历程试作综叙，对每一个研究方向的学术探究只是做有选择的点评。而对第一个研究方向内容将在下一题"以边疆学为主题的学人著述举凡"中综述。

1. 以边疆理论、中国边疆学为主题的学术研讨会

2004 年以来，为促进中国研究学科建设，中国边疆史地研究中心积极推动多民族国家疆域理论的研究。2006 年年初，中国边疆史地研究中心将"中国疆域理论研究"课题确定为 2006 年度重点研究方向，于 2006 年 3 月起，中心主办的"学术沙龙"上设立了以"疆域理论研究"为主题的论坛，为此编印了《中国边疆理论研究资料集》，共收选了 2000 年以来在国内学术刊物上公开发表的 18 篇论文，分为疆域形成理论、藩属体制与宗藩关系、疆域理论研究综述三个专题，收选论文中包括了中心研究人员

撰写论文5篇：马大正《中国疆域的形成与发展》，李大龙《传统夷夏观与中国疆域的形成》和《西汉王朝藩属体制的建立和维系》，孙宏年《相对成熟的西方边疆理论简论（1871—1945）》，邢玉林、马大正《1989—1998年中国古代疆域理论问题综述》。

2006年8月7日至8日，中国边疆史地研究中心与云南大学西南边疆少数民族研究中心在昆明联合举办第三届中国边疆史地学术研讨会，研讨会就疆域理论，研究中中国疆域形成、疆域观与治边思想、藩属与宗藩关系，以及边疆治理与开发、边疆民族研究诸问题展开了讨论。还就中国边疆学学科建设各抒己见，云南大学肖宪教授在大会致辞中指出，边疆问题是非常重要的问题，也是涉及诸多领域的交叉学科、综合学科，边疆问题与民族问题往往交织在一起，对边疆民族的研究既是学术问题又是现实问题。中国社会科学院中国边疆史地研究中心马大正研究员指出，中国社会科学院中国边疆史地研究中心近年来所取得的学术成果和正在进行的重大课题为构建中国边疆学做了重要铺垫，疆域理论研究可作为中国边疆学构建的一个重要突破口。云南省社会科学院研究员贺圣达《关于中国边疆学学科建设的几点看法》认为中国边疆的特点和当前面临的多方面复杂问题，为中国边疆学构建提供了机遇和挑战，"中国边疆学"应具备多学科、综合性的特点，应将重点放在边疆理论和当代中国所面临的边疆问题上面，并在继续重视陆疆研究的同时加强对海疆问题的研究。中央民族大学教授吴楚克《中国疆域问题与中国边疆学理论建设之关系》认为中国边疆理论研究正在朝着创建"中国边疆学"的方向努力，并从中国疆域问题是中国边疆学建设的"入口"、早期中国疆域理论是中国边疆学的理论来源等方面对中国疆域问题与中国边疆学的关系进行了探讨。南京大学教授华涛认为要从近现代国际关系、近代史、民族学等多学科的角度来研究中国边疆问题。魏良弢则认为边疆学的构建要明确其学科类别，既是属于法学，也是归属于历史学。这一问题的解决，对确定边疆学的学科方向无疑具有重要的意义。此外，还有一些与会学者认为国外没有边疆学这样一个学科，我们构建这样一个学科应首先确定一些基本理论框架问题，并建立某些能在国际上被接受的理论或法则，以更好地促进对边疆问题的研究。①

2011 年 7 月 27 日，《中国边疆史地研究》杂志社和陕西师范大学西北民族研究中心联合举办的"中国疆域理论学术研讨会"在西安召开，会议收到论文 15 篇，涉及多民族国家疆域理论，中国古代疆域观念，国外学者的中国疆域理论诸方面问题，会后《中国边疆史地研究》在 2011 年第 3、4 期上开设专栏："疆域理论学术研讨会专稿"共刊发了 10 篇论文，目如次：周伟洲《关于中国古代疆域理论若干问题的再探索》，赵永春《从复数"中国"到单数"中国"——试论统一多民族中国及其疆域的形成》，李大龙《试论中国疆域形成和发展的分期与特点》，于逢春《论"雪域牧耕文明板块"在中国疆域底定过程中的地位》，李鸿宾《阐释南北关系后个视角——读狄宇宙〈古代中国与其强邻〉：东亚历史上游牧力量的兴起》，毕奥南《从邑上国家到领土国家的边疆——先秦时代边疆形成考察》，孙宏年《清代中国与邻国"疆界观"的碰撞、交融刍议——以中国、越南、朝鲜等国的"疆界观"及影响为中心》，安介生、穆俊《略论明代士人的疆域观——以章潢〈图书编〉为主要依据》，黄远达《边疆、民族与国家：对拉铁摩尔"中国边疆观"的思考》，许建英《拉铁摩尔对中国新疆的考察与研究》。②

2011 年 9 月 22 日至 24 日，云南大学国际关系研究学院与新加坡国立大学东亚研究所、云南卫视新视野联合举办"21 世纪的中国边疆治理与发展"的第二届西南论坛在昆明召开，本次论坛主要涉及"当代中国边疆治理与发展方略""当代中国边疆治理与发展的影响因素""21 世纪中国边疆治理与发展方略"和"中国西南对外开放与次区域合作"等议题，同时从当代中国边疆治理战略研究大背景下也关注到中国边疆学构筑的大命题。本次论坛论文结集《21 世纪的中国边疆治理与发展：第二届西南论坛论文集》由郑永年、林文勋主编，共收论文 23 篇，在"总论"栏中收选了马大正《关于中国边疆学构筑的几个问题》③。

---

① 参阅刘清涛《第三届中国边疆史地学术研讨会述要》，《中国边疆史地研究》2006 年第 3 期。

② 参阅龙穆《中国疆域理论学术研讨会述要》，《中国边疆史地研究》2011 年第 3 期。

③ 马大正：《关于中国边疆学构筑的几个问题》，该论文集由社会科学文献出版社 2013 年出版。

2012 年 6 月 2 日至 3 日，"985"工程民族学国家级重点学科、"985"工程民族发展与民族关系问题研究中心和中央民族大学民族学与社会学院联合举办"2012 年中国当代边疆理论创新与发展论坛"在北京召开。会议论文结集《中国当代边疆理论创新与发展研究》2013 年由学苑出版社出版。论集分设"边疆理论建设研究""边疆现实问题研究""边疆历史问题研究"三大栏目，共收论文 27 篇。涉及中国边疆学构筑的论文有：马大正《关于中国边疆学构筑的几个问题》，李国强《中国边疆学学科构筑的透视》，吴楚克《试论中国边疆政治学与边政学、民族学的关系》，朱金春《试论传统边疆治理研究的两个视角》。

2013 年 11 月 14 日至 15 日，中国社会科学院中国边疆史地研究中心与国家领土主权与海洋权益协同创新中心在北京联合召开"首届中国边疆学论坛"。本次论坛的"会议论文"资料共收刊论文 67 篇，涉及古代至当代边疆治理的理论与实践，既有宏观的阐论，也有微观的探研，同时也有不少涉及中国边疆学构筑的探讨。本次论坛的象征意义在于是第一次以"中国边疆学"作为论坛的名称，而且冠名为"首届"，体现了主办方想要一届一届办下去的良好主观意图。唯一遗憾的是本次论坛后既未见论坛学术述要的刊发，也未见到论坛论文结集的出版。

2013 年 12 月 5 日至 6 日，云南大学和中国社会科学院中国边疆史地研究中心联合主办"中国边疆及边疆治理理论的挑战与创新"学术研讨会在昆明召开，会议收到论文近 40 篇。在大会主题发言中，中国边疆史地研究中心主任邢广程研究员就中国崛起过程中，边疆形势与周边关系目前所面临的挑战以及诸多难题的破解进行了深入阐述。云南大学政治学系主任周平教授从政治学的角度就边疆政治学研究的开展进行了总结和展望，并就边疆学的构建与边疆在国家发展中的作用进行了阐述。国家民委民族问题研究中心副主任李红杰在发言中反思了传统边疆观的等级性和局限性，对如何建立边疆主体地位以加快发展并惠及周边国家的问题提出了展望。国家清史编纂委员会副主任马大正研究员对边疆学的构建提出了期望，并就新中国边疆治理演进的历程进行了阶段分析。陕西师范大学西北民族问题研究中心周伟洲教授从嘉道年间西北史地学兴起开始回顾了中国边疆学发展的不同阶段，对现代中国边疆学的定义、对象和研究方法进行了探讨，并提出相关建议。新加坡国立大学东亚研究所所长郑永年教授围绕中国周边地缘政治和边疆地区的稳定问题，认为不能把边疆问题全部当作经济领域的问题去解决，应强调文化的作用，并针对边疆地区存在的一些问题从文化领域进行了解剖，指出靠国家文化软实力才能治理好边疆，并提出构建国家文化的愿望。复旦大学中国历史地理研究所姚大力教授从边疆民族如何发挥历史主体作用的角度回顾了中国疆域形态何以形成的历史过程，并结合现代民族学与民族理论的研究成果，指出不能一概主张民族去政治化。在闭幕总结大会上，邢广程对边疆研究提出如下建言：一是，边疆史地学科作为基础不应削弱，而是要加强，边疆研究者要勇于跨学科开展研究，并加强与国外的交流；二是，要注重边疆史地材料的收集，特别是国外有关档案的收集；三是，要研究过去属于我们，但现在不属于我们的土地和民族；四是，要注意边疆地区综合发展的研究；五是，边疆的状况往往要受到大国的影响，应加强该领域的相关研究；六是，应研究其他大国治理边疆的某些经验；七是，本领域的专家要关注边疆知识的普及工作。[①] 此次会议的论文多数收录于周平、李大龙主编《中国的边疆治理：挑战与创新》，由中央编译出版社 2014 年 9 月出版。

为推动边疆理论研究，中国边疆史地研究中心利用《中国边疆史地研究》杂志这一学术平台刊发相关研究论文，2004 年以来，先后刊发了近40 篇专题论文。

2013 年，中国社会科学院中国边疆史地研究中心推出由邢广程主编《中国边疆学》第一辑[②]，这是国内迄今为止首本以中国边疆学为集名的学术集刊，为中国边疆学构筑的推进提供了一个新的学术平台。与前述的"首届中国边疆学论坛"具有同样的象征意义和实践价值。第一辑设"疆域理论研究""边疆治理研究""与周边地区关系研究""边疆民族与文化研究""边疆地理研究""研究动态"诸栏目，收论文 25 篇，近 42 万字。

2014 年邢广程主编《中国边疆学》第二辑[③]出版，共刊发文稿 19 篇，

① 参阅刘清涛《"中国边疆及边疆治理理论的挑战与创新学术研讨会"综述》，《中国边疆史地研究》2014 年第 1 期。

② 邢广程主编：《中国边疆学》第一辑，社会科学文献出版社 2013 年版。

③ 邢广程主编：《中国边疆学》第二辑，社会科学文献出版社 2014 年版。

包括丝绸之路与丝绸之路经济带专稿 4 篇，边政研究 7 篇，边疆民族与政权研究 4 篇，文献与资料评研 4 篇，全集 35 万余字，19 位作者中，有 14 位是边疆研究所研究人员。邢广程《"丝绸之路经济带"与中国边疆安全发展——以我国东北和西部边疆为视角》依托历史、直面现实，从挖掘"丝绸之路"的历史文化价值、"草原丝绸之路经济带"的战略定位、绥芬河作为东部陆海丝绸之路经济带的桥头堡的意义、积极发挥新疆在"丝绸之路经济带"构建中的重要作用四个方面进行了论证，提出要特别关注"丝绸之路经济带"构建中的新疆与中亚合作问题、阿富汗局势对中国新疆的影响两大问题，为"丝绸之路经济带"构想的建设和落实提供了我国东北和西部边疆的视角。主编者明言：自第二辑始，《中国边疆学》坚持文稿首发原则，举凡与中国边疆研究有关的论文都在选稿之列。

2.21 世纪以来边疆理论研究举要

《当代中国边疆研究（1949—2014）》第八章古代中国疆域理论问题研究，对历史上的中国疆域，中国疆域形成、发展规律，统一与分裂以及中华一体，藩属与朝贡重大问题的研究进行过综述。21 世纪以来，这方面的研究持续升温，成果迭出，前述以边疆理论、中国边疆学为主题的全国性学术研讨会召开，表明研究活跃、深化的态势。本小题拟以中国边疆史地研究中心李大龙研究员的相关研究试做简要综述，以期达到以点观面的效益。同时对 21 世纪以来西方边疆理论研究的一些代表性著作综合介绍。

李大龙，《中国边疆史地研究》主编，中国边疆史地研究中心研究员，长期致力于汉唐边疆史研究，独著有《西汉时期的边政与边吏》[①]《唐朝和边疆民族使者往来研究》[②]《都护制度研究》[③]《汉唐藩属体制研究》[④]《〈三国史记·高句丽本纪〉研究》[⑤]。

---

① 李大龙：《西汉时期的边政与边吏》，黑龙江教育出版社 1996 年版。经作者修订以《汉代中国边疆史》为书名，2014 年仍由黑龙江教育出版社出版。
② 李大龙：《唐朝和边疆民族使者往来研究》，黑龙江教育出版社 2001 年版。
③ 李大龙：《都护制度研究》，黑龙江教育出版社 2003 年版。
④ 李大龙：《汉唐藩属体制研究》，中国社会科学出版社 2006 年版，经作者修订，2012 年由黑龙江教育出版社出版。
⑤ 李大龙：《〈三国史记·高句丽本纪〉研究》，黑龙江教育出版社 2013 年版。

21 世纪以来李大龙发表有关边疆理论研究的学术论文，据不完全统计有 16 篇之多，是同时期发表此题材论文 5 篇以上的高产作者之一。[①]

综观 16 篇论文，大体可分为两大类，一是，宏观阐论中国边疆理论、疆域形成、古代治边政策等重大问题；二是，以西汉时期为中心，具体论述涉边疆理论的诸问题，现分别试作综述。

关于中国边疆理论、疆域形成、古代治边政策等重大问题的宏观阐论。

《有关中国疆域研究的几个问题》[②] 就 "'中国疆域'的指称范围及其属性""'中国疆域'不是静止的而是一个动态的过程""'中国疆域'形成阶段的标志：《尼布楚条约》的签订到鸦片战争的爆发""'中国疆域'形成的理论探讨：多角度探究其内在形成动因"四大问题进行了宏观阐论。作者认为："在清代以前中华大地上没有形成过一个近现代意义上的主权国家，所谓'历史上的中国'的提法于中国疆域研究而言不是一个科学的命题，因为不同时期谁能够代表'中国'是一个永远没有正确答案的问题，也是历史上众多王朝或政权为之长期争夺的目标，但是可以说'中国'（天下）无论是人们的意识中还是在历史现实中，自秦汉以来的中国历史中，它都是一个由多民族构成的'政治体'……经过了历史长期的发展，这一区域和周围的其他地区（人们习惯所说的'边疆'）不断凝聚，最终在清代形成了具有近现代意义上的——'中国'（清朝）的疆域"。而"不同的历史时期中华大地有着不同的民族或政权分布，或分裂，或统一，构成了不同时期'现实'版的'天下'，即现在人们所说的'历史上的中国'。与此同时，在不同时期人们的心目中还有一个理想的'大一统'的'天下'，而且是以中原地区为述以处于不断变化之中的'天下'（'大一统'王朝）。占据'中国'成为'天下'主宰的观念主导着众多民族或政权为之奋斗，是导致中华大地民族或政权分布格局即'现实'的'天下'不断发生变化的思想根源，也是贯穿中国疆域发展历程始终的一个主线。康熙二十八年（1689）中俄《尼布楚条约》的签订，使两个

---

① 李大龙主编的《中国边疆史地研究》，作为边疆研究领域的专业期刊，自 1998 年以来共刊发文章 176 篇，"载文量最多"，上述统计数，参阅朱尖、苗威《中国边疆研究的文献计量分析》，《云南师范大学学报》2015 年第 1 期。

② 李大龙：《有关中国疆域研究的几个问题》，《西北民族论丛》第 18 辑。

'天下'实现了重合，'中国疆域'由此进入了最后形成段落"。作者进而指出："通过这些条约和划分边界的行动，清朝开始了向近现代意义上主权国家的转变，边界逐渐清晰，疆域也由传统疆域（或称王朝疆域）向近现代疆域（或称条约疆域）转变，但遗憾的是道光二十年（1840）爆发的鸦片战争，以英国为首的列强通过坚船利炮中断了'中国疆域'的这种自然形成过程。'中国疆域'由传统疆域向近现代疆域的转变过程也没有完成，不仅中国和一些传统的藩属国之间的国界尚未明确划定，与其他有共同边界的邻国的边界更没有明确。也正是在这种情况下，'中国疆域'开始遭到列强的'蚕食'与'鲸吞'，传统的藩属区域沦为了列强的殖民地，脱离了'中国疆域'的形成轨道，藩属国和宗主国（中国）的关系也发展为近现代意义上的国际关系，甚至已经有条约保证的大片领土也因一系列不平等条约的签订而丧失，纷纷落入列强之手。……将1840年（道光二十年）鸦片战争的爆发作为'中国疆域'最终形成的标志是恰当的。"

《传统夷夏观与中国疆域的形成》①，《"中国"与"天下"的重合：古代中国疆域形成的历史轨迹》②，《多民族国家疆域研究的历程及其特点》③和《试论中国疆域形成和发展的分期与特点》④四篇发表于2004年至2011年的论文，实质上是对《有关中国疆域理论研究的几个问题》所涉问题的更详尽的论述。

中国古代的治边政策研究，既是中国古代边疆治理研究的一个重要命题，也是边疆理论研究中一个不可或缺的内容。《关于藩属体制的几个理论问题——对中国古代疆域发展的理论阐释》⑤，论述了"藩属体制形成的思想基础"，"'二元天下'的出现与藩属体制的确立"，"藩属体制与册封朝贡的关系"，"藩属体系存在的多样化"，"藩属体制的发展趋势"五

① 李大龙：《传统夷夏观与中国疆域的形成》，《中国边疆史地研究》2004年第1期。
② 李大龙：《"中国"与"天下"的重合：古代中国疆域形成的历史轨迹》，《中国边疆史地研究》2007年第3期。
③ 李大龙：《多民族国家疆域研究的历程及其特点》，《云南师范大学学报》2010年第6期。
④ 李大龙：《试论中国疆域形成和发展的分期与特点》，《中国边疆史地研究》2011年第3期。
⑤ 李大龙：《关于藩属体制的几个理论问题——对中国古代疆域发展的理论阐释》，《学习与探索》2007年第4期。

大藩属体制研究中的理论问题，作者的结论是：先秦时期的"天下观"、服事观理论是藩属体制形成的思想基础；秦汉统一王朝带来的"二元天下"结构是藩属体制得以确立的现实基础；册封朝贡并不能概括藩属体制的特点，而是藩属体制之下的具体政策；以历朝各代为核心的藩属体制只是中华大地上众多藩属体系中的一个，藩属体系在中国历史上的存在是呈现多样化态势；藩属体制的发展具有两种不同的趋向，一是成了中国的重要组成部分，二是与中国发展成为现代意义上的国际关系。《关于中国古代治边政策的几点思考——以"羁縻"为中心》[1] 剖析了"羁縻"之要义是控制，同为"羁縻"但控制有程度之不同后，进而分析了"羁縻"治策形成和实施的基础，羁縻是多民族国家构建过程中的补充治理方式。《"藩属"与"宗藩"辨析》[2] 从学界对"藩属""宗藩"的认识和使用，"藩属"的含义和作用，"宗藩"的含义和作用三个方面，对古今"藩属""宗藩"二词的用法进行了综合考察，认为"藩属"一词形成于明清时期，是用于指称清朝和边疆民族乃至周边邻国的政治隶属关系，但这种关系早在汉代就已经形成，称为"藩臣""外臣"与"属国"。"宗藩"一词则早在《史记》中就已经出现，是用于指称皇室宗族成员分封于地方者。现代学者用"宗藩"一词指称中国古代王朝，尤其是明清和邻国关系的做法并不科学，其"宗藩"的含义和用法不仅与古人对该词的用法明显不同，而且容易形成更多的误解，故而应该改用"藩属"才准确。《试论游牧行国与王朝藩属——多民族国家构建视角下游牧和农耕族群互动研究》[3]，对中国历史上的游牧行国的主要特征和游牧族群的价值取向进行了深入分析，并指出："如果将匈奴游牧行国实现对草原游牧族群凝聚看成是第一次，那么到蒙元时期草原游牧族群逐渐蒙古化，游牧族群的凝聚似乎远远晚于农耕族群的凝聚，但实际上情况并非如此。因为在游牧族群凝聚的过程中，也不断地将凝聚成果带入与农耕族群的互动中，

---

① 李大龙：《关于中国古代治边政策的几点思考——以"羁縻"为中心》，《史学集刊》2014年第4期。

② 李大龙：《"藩属"与"宗藩"辨析》，《中国边疆史地研究》2006年第3期，该文另一位作者是刘志杨。

③ 李大龙：《试论游牧行国与王朝藩属——多民族国家构建视角下游牧和农耕族群互动研究》，《中国边疆学》第二辑，社会科学文献出版社2014年版，第171—199页。

并为农耕族群的凝聚和壮大提供了新的来源，或称之为新鲜血液和凝聚动力"。同时认为按照游牧行国的兴衰历程、游牧族群的聚散转变，以及其与王朝藩属、农耕族群互动的轨迹，可以将游牧行国与王朝藩属的互动过程分为先秦至秦汉、从"匈奴遁逃"到北魏灭亡、北魏分裂至唐灭亡、从后梁开平元年（907）到明朝建立、明至清朝的"大一统"五个阶段，并对五个阶段演进历程做了阐论。同类论文还有《游牧行国的内涵及其特点——多民族国家视角下游牧和农耕族群互动研究》①。

以时代或事件为中心，具体论述边疆理论若干重大问题的论文。汉唐边疆史是李大龙研究中用力最多的领域，以汉代边疆治理中涉边疆理论重大问题的论文有4篇，《西汉王朝藩属体制的建立和维系》②，《不同藩属体系的重建与王朝疆域的形成——以西汉时期为中心》③，《边吏与古代中国疆域的形成——以两汉为中心》④，《汉武帝"大一统"思想的形成及实践》⑤。上述诸文以西汉治边历程为基础从不同角度论述了西汉时期中国疆域形成的诸方面重大理论问题。

《刘渊政权的出现与北疆民族主动认同"中国"的开始》⑥ 认为魏晋南北朝时期匈奴人刘渊在中原地区建立的第一个政权——汉的出现既是匈奴人长期和汉族保持密切关系的结果，也是匈奴人认同"中国"，并进而主动进入中华民族形成历程的标志，并指出：汉政权的出现对中国古代疆域形成的影响是巨大的，不仅促进了北疆民族之间融合，推动了中国传统治边思想和方式的发展，而且也是边疆民族主动进入中华民族形成历程的开始，由此也奠定了北疆和中原地区融为一体的牢固基础。

---

① 李大龙：《游牧行国的内涵及其特点——多民族国家视角下游牧和农耕族群互动研究》，《烟台大学学报》2014年第5期。

② 李大龙：《西汉王朝藩属体制的建立和维系》，《学习与探索》2005年第3期。

③ 李大龙：《不同藩属体系的重建与王朝疆域的形成——以西汉时期为中心》，《中国边疆史地研究》2006年第1期。

④ 李大龙：《边吏与古代中国疆域的形成——以两汉为中心》，《云南师范大学学报》2008年第6期。

⑤ 李大龙：《汉武帝"大一统"思想的形成及实践》，《北方民族大学学报》2013年第1期。

⑥ 李大龙：《刘渊政权的出现与北疆民族主动认同"中国"的开始》，《中国边疆史地研究》2005年第2期，本文另一位作者是宋秀英。

　　涉及有清一代的论文有 2 篇:《转型及"臣民"(国民)塑造:清朝多民族国家建构的努力》[①] 和《多民族国家构建视野下的土司制度》[②]。前文指出:清朝实现了"大一统"之后,在整合游牧族群和农耕族群的过程中,已经有意或无意地开始了构建多民族主权国家的努力。从由王朝国家向近现代主权国家的转型,"臣民"(国民)塑造的尝试、消除族群分界,通过调整政策实现不同族群的整合与确立满洲正统的努力等方面看,清朝多民族国家建构的努力是全方位的,最终催生了"中华民族"一词在近代中国的流行。遗憾的是,"中华民族"作为"国民"的代名词,虽然是清代中华大地上众多族群凝聚的结果,但由于凝聚过程并没有结束,反而成为民主主义革命者反对清朝统治的政治口号,"满洲"一度被排除在"中华民族"之外,由此也派生很多不同的理解,成为困扰当今中国学界的一大难题,但其整合中华大地上各族群的用意依然还是十分明显的。后文则从郡县制下的特殊统治方式、土司制度是羁縻统治方式的一种、改土归流是多民族国家建构的必然趋势三个方面论述了土司制度是多民族国家中国构建过程中的一种特殊的政治体制。

　　在前述《有关中国疆域理论研究的几个问题》一文中李大龙认为已有的多部中国疆域史著作,尽管对"中国疆域"形成有非常具体的阐述,但作者认为"严格讲这些论著还不是对'中国疆域'形成的理论探索,因为它只解决了'中国疆域'形成的'然'的问题,而'所以然'的问题多数没有论及,且学术界和众多论著长期以来习惯于用较含混的'统一多民族国家'的观点来解释'中国疆域'地形成,这在一定程度上制约了中国边疆学学科的发展和有关'中国疆域'形成研究的深入。作者呼吁要从多角度探究中国疆域形成的内在动因"。从上述这些论文的视角分析,李大龙试图从藩属体系、"大一统"与"夷夏"观念、治边政策等不同方面对多民族国家中国的疆域形成进行理论解构,是对这一倡议的具体实践。据悉,作者对多民族国家疆域形成理论的完整阐述将以《从天下到中国——多民族国家疆域理论解构》为题由人民出版社在

---

① 李大龙:《转型及"臣民"(国民)塑造:清朝多民族国家建构的努力》,《学习与探索》2014 年第 9 期。

② 李大龙:《多民族国家构建视野下的土司制度》,《云南师范大学学报》2012 年第 6 期。

2015 年出版。

西方边疆理论的发展变化是边疆理论研究中又一个重要的研究内容，于沛、孙宏年、章永俊、董欣洁合著《全球化境遇中的西方边疆理论研究》①，全书分"西方边疆理论的初步发展""自由资本主义向帝国主义过渡时期的边疆理论""冷战期间的西方边疆理论""冷战后边疆理论面临的冲击和挑战"四章，38 万字。该书以新航路开辟至今的西方边疆理论——其发展变化与全球化进程密切相关——为研究对象，对 500 年间西方的边疆理论在不同时期呈现的不同特点进行了重点探讨，是国内这一命题首部学术专著。本书作者还分别发表了如下论文：于沛《经济全球化和现代西方边疆理论》②，孙宏年《纷争与互动：帝国主义时代西方"疆界"理论关系简论》③，董欣洁《从欧盟一体化看经济全球化时代的国家边界》④。

马大正受《中国图书评论》委托，在其 2012 年第 5 期"前沿题域"上开设《"边疆政治"与西方话语》学术专栏，刊发了张经纬《嵌入历史深处的人类学——评巴菲尔德〈危险的边疆：游牧帝国与中国〉》，朱金春《游牧帝国的历史环——兼读〈中国的亚洲内陆边疆〉》与《危险的边疆：游牧帝国与中国》，两位青年学者的文章，通过对拉铁摩尔、巴菲尔德等书的深入阅读，分别从人类学与民族学的角度展示了城外中国边疆研究的某些特色。有关论文还有：周卫平《特纳的"边疆假说"理论与当代中国边疆研究》，许建英《拉铁摩尔对中国新疆的考察与研究》，宋培军《拉铁摩尔"双边疆"理论与当代中国边疆研究》。⑤ 王欣《中国边疆学构筑面临的几点理论挑战——以拉铁摩尔、狄宇宙和濮德培为例》通过对拉铁摩尔《中国的亚洲内涵边疆》（唐晓峰译，江苏人民出版社 2005 年版），狄宇宙《古代中国与其强邻》（贺严等译，中国社会科学出版社 2010

---

① 于沛、孙宏年、章永俊、董欣洁：《全球化境遇中的西方边疆理论研究》，中国社会科学出版社 2008 年版。

② 于沛：《经济全球化和现代西方边疆理论》，《云南师范大学学报》2009 年第 5 期。

③ 孙宏年：《纷争与互动：帝国主义时代西方"疆界"理论关系简论》，《云南师范大学学报》2009 年第 5 期。

④ 董欣洁：《从欧盟一体化看经济全球化时代的国家边界》，《云南师范大学学报》2009 年第 5 期。

⑤ 上述三篇论文均刊于《中国边疆学》第一辑。

年版），濮德培《中国西征——清朝对中央欧亚的征服》（美国哈佛大学出版社 2005 年版）三位西方学者著作的剖析，指出，近代以来，西方学术界以民族—国家理论为基础，不断试图从学理上解构历史上的中国及其边疆形态，挑战中国统一多民族国家形成与发展的理论体系，并从所谓的"民族主义""全球史""新清史"的视角重新构建西方学术话语体系下的中国边疆理论，从而进一步加深其"汉人中国"的偏见。作者认为："在当前建构中国边疆学体系的过程中，我们一方面要回应西方学者的理论和挑战，但更重要的还是要从古代中国政治边疆、经济边疆和文化边疆的视野出发，充分认识和评价无形的经济边疆和文化边疆在有形的政治边疆形态发展和演变进程中的地位与作用，揭示中国国家形态自身发展规律，从而阐明当代中国边疆的历史延续性与合理性。这样或许在学理上有助于我们建构完整、科学并具有自己独立话语权的中国边疆学理论体系，进一步夯实统一的多民族国家发展学说。这是我们当代中国学人的责任，也是使命。"①

有关美国"新清史"研究中涉中国边疆的话题，可参阅下列二书，在本文中不再综述评议。

一是，刘凤云、刘文鹏编：《清朝的国家认同——"新清史"研究与争鸣》②，全书收录了中外学者涉本书主题的论文 21 篇，40 余万字。

二是，党为：《美国新清史三十年：拒绝汉中心的中国史观的兴起与发展》③，该书以新清史为线索追溯了 20 世纪 80 年代以来的美国清史研究，主要论述了强调中国内部因素的民众史、全球背景下的经济史、以原始档案为主要材料的官方史和精英史、注重社会史内容的新法律史、能动的清代女性研究，其中尤以新视角下的清代城市史、满洲及清代族群研究、国际帝国竞争下的清代外交与边疆史阐论了美国"新清史"的特征、趋向，并对其可能的不良政治倾向提出了警告。

---

① 王欣：《中国边疆学构筑面临的几点理论挑战——以拉铁摩尔、狄宇宙和濮德培为例》，《思想战线》2014 年第 3 期。

② 刘凤云、刘文鹏编：《清朝的国家认同——"新清史"研究与争鸣》，中国人民大学出版社 2010 年版。

③ 党为：《美国新清史三十年：拒绝汉中心的中国史观的兴起与发展》，上海人民出版社 2012 年版。

无论是巴菲尔德、拉铁摩尔，还是"新清史"，解构中国历史的目的是很明确的，对此国内学者已经有清醒的认识，并成为国内学者积极进行理论探讨的诱因之一，也形成了在一些观点上对峙。但恰如我在《中国图书评论》2012 年第 5 期《"边疆政治"与西方话语》学术专栏主持人的话中所指出的："正是在中国学者自觉的理论探索和对西方的边疆话语的深刻认识基础上，中国边疆研究才不会服从于西方，才会有自己的理论自信和主体性。"① 中国疆域理论的探讨无疑对中国边疆研究的深入乃至中国边疆学的构筑起到积极的推动作用。

（二）以中国边疆学为主题的学人著述举凡

随着中国边疆研究的持续发展，在开拓与深化的进程中，对中国边疆学构筑的思考与研究，日益为研究者关注，时有以中国边疆学为主题的学术著作闻世，较重要者，著作类有：马大正、刘逖：《二十世纪的中国边疆研究——一门发展中的边缘学科的演进历程》，郑汕：《中国边疆学概论》，罗崇敏：《中国边政学新论》，吴楚克：《中国边疆政治学》，余潇枫、徐黎丽、李正元《边疆安全学引论》，梁双陆：《边疆经济学：国际区域经济一体化与中国边疆经济发展》，袁庆寿、牛德林主编：《中国边疆经济发展概论》，李星主编：《边防学》，还有周平《中国边疆治理研究》，陈霖《中国边疆治理研究》等。相关论文也为数不少，现分著作和论文择重要者试作综述。

1. 学术专著

马大正、刘逖著《二十世纪的中国边疆研究——一门发展中的边缘学科的演进历程》，全书 22 万余字，分绪论、综论、分论、余论四篇。在余论篇中较为系统地阐述了中国边疆学构筑中重大问题，明确提出："中国边疆研究可以并下在发展为具有独立学科地位的中国边疆学。"②

马大正、刘逖提出了中国边疆学学科特点和构筑文化学科的思考要点。关于前者，他们的主要观点是：中国边疆学是中国学的有机组成部分；中国边疆学作为一门学科有独立存在的地位，这种地位不应因其研究

---

① 马大正：《"边疆政治"与西方话语》，《中国图书评论》2012 年第 5 期。
② 马大正、刘逖：《二十世纪的中国边疆研究——一门发展中的边缘学科的演进历程》，黑龙江教育出版社 1987 年版、1999 年再版，第 278 页。

对象相对模糊而受到妨碍，中国边疆学研究方法基本特点是吸纳、借鉴一切相关学科的研究方法和研究成果，从统一多民族国家的发展与中国在世界格局中的作用、地位的大背景考察边疆；中国边疆学具有其他任何一门学科无法替代的特殊价值。关于后者，他们认为：中国边疆研究应以中国边疆学来定名；中国边疆学以研究中国边疆及其发展规律，进而全面揭示中国统一多民族国家形成、发展规律；中国边疆学是综合性学科，属于社会科学的一个分支；中国边疆学包括人文科学及社会科学领域的研究以及自然环境、生态环境等自然科学领域的研究；中国边疆学是一门学科群体，又是一门交叉、边缘学科；中国边疆学分支学科应初步分列为"历史、考古学科，语言、文学学科，社会、人类学科，政治、法律学科，宗教、哲学学科，文学、艺术学科，经济学科，生态环境学科"[1]。作者提出的以上两个问题虽然有些重叠，其所拟定的分支学科过大，但关于学科的独立性和有关自然科学介入中国边疆学的倡导以及中国边疆学学科性质的概括都是值得重视的。

郑汕著《中国边疆学概论》[2]，全书以筹边观、疆域、边界、周边关系、边政、边务、边民社会为题立章，58 万字。该书以边疆与国家中心区域，边疆与周边国家关系为主线，以"底定边疆""经略边疆"为主题，从历史演变和现代观念的构建两方面，在绪论中对中国边疆学的理论与研究方法、研究对象与问题做了比较系统的阐述，提出了建构中国边疆学科体系的必要。作者认为中国边疆学的学科定位是：中国边疆学是总结底定边疆历史经验的实践学科，是新兴的多学科交叉的社会综合学科；中国边疆学研究方法是：经世致用与综合对比的方法，理论联系实际与实践调查的方法，要素交会融通与理论创新的方法；中国边疆学的架构体系是："经略边疆""底定边疆"。该书是首部中国边疆学学科体系构建的学术专著。

罗崇敏著《中国边政学新论》，全书分设 9 章，42 万字。作者认为：

---

① 马大正、刘逖：《二十世纪的中国边疆研究——一门发展中的边缘学科的演进历程》，第 278—279、285 页。

② 郑汕：《中国边疆学概论》，云南人民出版社 2012 年版。本文内容参阅了陈明富《首部探索构建中国边疆学学科体系的专著——评郑汕教授〈中国边疆学概论〉》，《中国边疆史地研究》2013 年第 3 期，特予说明。

"广义政治学的范畴体系建设立足于两个方面：一是广义边政学赖以存在的客观的边疆历史和现实；二是广义边政学整合政治学、经济学、人类文化学、民族学、宗教学、国际关系学等研究领域里的概念和范畴，赋予边疆政治学的内涵和属性。作为一门新兴的交叉学科，广义边政学的范畴体系必然与其交叉学科有密切的联系，也只有在联系和发展中才能有广义边政学的概念范畴逐步得到完善"。① 该书在借鉴以往边疆政治学研究成果基础上，坚持立足现实，面向未来发展，理性考察历史，注重逻辑表征，探索广义边政学的思路和框架，试图建立关于边疆地区以人为本的经济、政治、文化、社会的管理和发展及其规律的学科。研究对象主要是中国边疆地区经济、政治、文化、社会建设。研究内容具有人本性、理论性、实践性、系统性、创新性特点。

吴楚克著《中国边疆政治学》，全书分"前提与条件""历史与发展""理论与实践"三部分，共十四章，30 万字。作者依托历史、直面现实，通过回顾统一多民族中国历史发展进程和中国边疆研究百年演进历程，指出当今急需有一门中国边疆学才有可能"实事求是地对待和解决历史遗留下来的边疆问题，站在国家利益上解决边疆冲突"。而"确立科学的理论观点和研究方法是'中国边疆政治学'能够达到预期水平的决定因素之一"。②

余潇枫、徐黎丽、李正元等著《边疆安全学引论》，全书以"边疆安全学总论""跨国族群问题的非传统安全治理""边疆非传统安全问题的个案研究"为题分设上、中、下三篇，计十四章，近 33 万字。作者明言："我国边疆地区传统安全与非传统安全相互交织的境况，使得边疆安全问题日趋严峻，对安边、固边、治边、富边形成挑战。这就需要我们立足本土的历史与现实，放眼世界的发展与趋势，从理论上进行分析、总结、研究、建构，为制定边疆政策提供新的视角与范式，以探索一条有中国特色的边疆安全与各民族和谐发展之路。在这样的语境下，从历史、现实和理论三个逻辑整合中建构一门'边疆安全学'势在必行。"③

"从多学科交叉的角度开创'边疆安全学'，符合中国边疆地区历史

① 罗崇敏：《中国边政学新论》，人民出版社 2006 年版，第 10 页。
② 吴楚克：《中国边疆政治学》，中央民族大学出版社 2005 年版，第 8—9 页。
③ 余潇枫、徐黎丽、李正元等：《边疆安全学引论》，中国社会科学出版社 2013 年版，第 4 页。

发展的需求，符合中国边疆地区改革开放不断变化、民族关系不断复杂化的现实，符合中国边疆问题与边疆危机应对的逻辑。边疆安全的创立将标志着中国边疆治理找到了一个新的符合各民族和国家间共同价值的共同话语——安全，进而使得边疆安全的研究实现从零散到系统，从被动到主动，从经验到理论的转变，标志着伴随非传统安全问题从非战略高度进入到国家安全战略高度、安全治理成为边疆治理论的核心。"① 该书是第一部阐论边疆安全的学术专著，"树立了中国边疆研究领域尤其是边安问题上不可绕过、更不能无视的一座新路标"。②

梁双陆著《边疆经济学：国际区域经济一体化与中国边疆经济发展》，全书分八章，32 万字。该书以陆疆地区的黑龙江省、吉林省、辽宁省、内蒙古自治区、甘肃省、新疆维吾尔自治区、西藏自治区、云南省和广西壮族自治区，从沿边开放与周边国家之间要素流动的角度出发，以中国积极参与的国际区域经济一体化为背景，从中国与周边国家区域经济一体化进程中边界效应下降和转化这一现象，立足于城市是区域经济增长的发动机和要素集聚体、人力资本和科技创新是区域报酬递增的源泉这两个空间经济理论的基本观点，在分析中国—东盟、中国—南亚、中国—中亚、中国—东北亚的区域经济一体化进展和对中国边疆经济的影响的基础上，研究一体化进程中边境贸易转型、边疆产业升级、边疆城市化发展的理论，研究边疆地区利用一体化进程中的边界效应变化形成若干边缘经济增长中心的机制，以及相应的环境、体制和政策问题。③同类学术专著还有袁庆寿、朱德林主编《中国边疆经济发展概略》④，全书 33 万字。作者认为，边疆经济学是一门社会科学，是以边疆地区这一特定区域的特殊经济社会运动过程作为研究对象和客体，研究边疆地区经济运动特点、经济结构和规律的科学，属于理论经济学的一个分支科学，具有多学科交叉性的特点。

---

① 余潇枫、徐黎丽、李正元等：《边疆安全学引论》，中国社会科学出版社 2013 年版，第 25 页。

② 余潇枫、徐黎丽、李正元等：《边疆安全学引论》，王逸丹序，中国社会科学出版社 2013 年版，第 1 页。

③ 参阅梁双陆《边疆经济学：国际区域经济一体化与中国边疆经济发展》前言，人民出版社 2009 年版。

④ 袁庆寿、朱德林主编：《中国边疆经济发展概略》，黑龙江人民出版社 1993 年版。

李星主编《边防学》①，全书近 40 万字，以"国家领土与国家边界""边防理论的产生与发展""边防的地位与作用""边防体制""边防政策与边防法规""边防武装力量""边境防卫""边境管理""边防涉外工作""边防建设"为题立章。作者认为：边防学是一门研究国家边境防卫、边境管理、边防建设活动基本规律，并指导边防实践的一门综合性军事学科，是一门新兴的综合性应用性军事学科。

2. 相关论文

20 世纪 80 年代以来中国边疆史地研究的拓宽和深入，使许多专家学者深刻认识到局限于"史地"不仅使学科发展及其功能的充分发挥受到限制，与我邻国和其他国家研究边疆的强劲势头形成反差，也不适应我国边疆乃至全国的现代化建设的日益迫切的需要。因而，构筑中国边疆学率先受到中国边疆史地研究中心的提倡和重视。邢玉林《中国边疆学及其研究的若干问题》② 和《关于中国边疆的若干问题》③ 对中国边疆学的构筑进行了专论。《中国边疆学及其研究的若干问题》除阐述建立中国边疆学的必要性外，值得注意以下几个问题：

其一，关于中国边疆学的名称定义、研究对象："中国边疆学是运用马克思主义的世界观和方法论揭示中国边疆及其硬系统和软系统的形成、演变和发展规律以及中国边疆及其各系统相互关系的科学"，并阐释上述定义的四层含义。按较高、较大学科的要求确定该学科以特定规律和整体联系的研究为主旨，这无疑是可取的；但是，该定义确定研究对象时似乎忽视了中国边疆学的适用性或应用性；换句话说，中国边疆学不应当是纯理论的学科，其研究对象显然应当包括边疆的现实问题。

其二，关于中国边疆学的功能。这个问题与中国边疆研究的功能有内在联系。关于中国边疆研究的功能从 20 世纪 30 年代以来有不少学者鉴于民族、边疆危机而不断有所阐论；半个世纪后，丁伟志在《中国边疆史地研究丛书·序》中又根据新的情况加以阐论④；以后，《中国边疆史地研

---

① 李星主编：《边防学》，军事科学出版社 2004 年版。
② 邢玉林：《中国边疆学及其研究的若干问题》，《中国边疆史地研究》1992 年第 1 期。
③ 邢玉林：《关于中国边疆的若干问题》，邢玉林主编：《中国边疆研究通报》第 1 辑，新疆人民出版社 1995 年版。
④ 该序收入马大正主编《中国古代边疆研究》，中国社会科学出版社 1990 年版。

究》先后组织两次笔谈，有 17 位学者著文参加。邢文在吸纳上述研究的基础上概括了中国边疆学的五大功能：强化中华民族救亡图存和自强不息的精神、弘扬中华民族传统的爱国主义、提供稳定边疆的历史经验、为边疆的建设提供科学依据、促进边界问题的解决，维护国家领土完整。这些功能充分表明中国边疆学是具有应用性质的学科。

其三，作者根据四个原则勾勒了中国边疆学体系的框架即有 5 个分支学科、23 个组成部分。

如图所示：

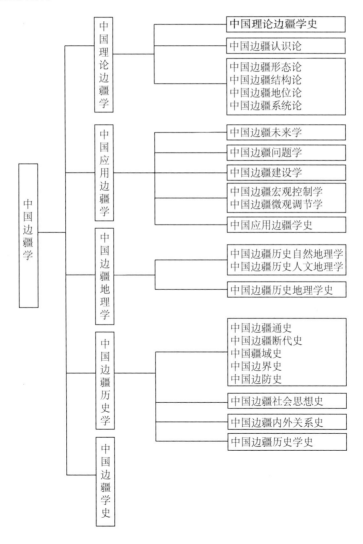

　　构筑中国边疆学必须考虑到中国边疆与国家，与民族的关系。邢玉林《关于中国边疆的若干问题》从"中国各民族缔造、开发和经营了中国的边疆""中国各民族促使边疆社会发生变化""中国各民族捍卫了中国的边疆"三个方面阐论了"中国边疆与中国各民族相系始终"；从"中国边疆范围的大小与国势的强弱成正比""中国边疆依附于国家""维护国家最高利益是中央政府处理边疆问题的原则""边疆的安定是避免国家分裂的前提条件，保持边疆的安定是国家对待边疆的准则之一""国家的统一也是边疆及边疆民族的最高利益""边疆与国防休戚相关"等方面阐论了"中国边疆与中国多民族国家相系始终"[①]。其中从史实中概括了不少理论问题，从而为构筑中国边疆学提示了两大着眼点。中国边疆学的构筑必须符合中国边疆地区的古今情势，也必须充分注意到中国边疆的特殊性，唯其如此才能建立有中国特色的中国边疆学体系。该文从七个方面论述了中国边疆特殊性：在行政管理上，边疆比内地的难度大；在广义的文化改革上，边疆比内地更有直接现实性；在地理上，边疆地理的统一性比内地弱；在社会和政治关系上，边疆地区比内地更复杂；在政制结构的功能上，边疆地区的脆弱性比内地强；在经济发达水平上，边疆地区比内地低；在国际关系上，中外交涉多缘起于边疆（陆疆和海疆）地区。[②] 中国边疆地区和内地的差异完全不同于其他大多数国家，"大多数国家的边疆在自然景观和人文景观方面皆与本国内地没有多大差异。对这些国家来说，边疆不是一个单独的社会系统，除在'外交与国防'上，容或有其突出之点，其涵义仅指与邻国接壤的地带而已"。因此，作者的上述比较在某种意义上也可以看作中国边疆与外国边疆的一种比较。同时，作者的这些比较着眼于历史的延续性而并未局限于某一时代，使其更有普遍性。

　　从更宏观的角度阐述中国边疆的特殊性学者当首推马大正和刘逖。他们从四个方面论述：其一，悠久的历史——曲折发展过程的连续。认为中国边疆的发展史悠久，其过程有明显的连续性，各边疆地区社会发展速度

[①] 邢玉林：《关于中国边疆的若干问题》，邢玉林主编：《中国边疆研究通报》第 1 辑，第 11—13 页。

[②] 邢玉林：《关于中国边疆的若干问题》，邢玉林主编：《中国边疆研究通报》第 1 辑，第 8—11 页。

或快或慢，最终纳入中国统一多民族国家连续性发展的轨道。其二，广阔的地域——分散发展演进后的统一。认为各方面有巨大差异的中国边疆地区是在分散发展演进后统一为一体的。其三，多样的民族——自立发展基础上的融合。其四，复杂的问题——多重矛盾发展的叠加。认为中国边疆地区的各种矛盾有普遍性也有特殊性，而后者是认识中国边疆发展现象的关键。① 显然，这些论述立足于中国边疆与民族与国家的内在联系，起点颇高。上引两种不同角度的论述，对于构筑具有自身特点因而有别于其他学科的中国边疆学是必不可少的，也是中国边疆学中的重要理论内涵之一。与上述问题相联系的是中国边疆的盈缩和中国边疆发展的阶段。邢玉林认为"国力强则声威远布，边疆化为内地；国力弱则威令不行，内地变为边疆"，并举出汉、隋、唐、元、明的史实证之。② 而后，马大正、刘逖将"中国边疆发展大势"归纳为三：一，原为边疆地区后变为内地的一部分；二，曾是域外或边疆地区现仍为中国边疆的组成部分；三，曾是中国边疆地区而后成为我国域外之地。③ 作者还在同一部专著中详述了古代中国边疆发展的各个阶段，即先秦和秦汉时期，三国、魏晋、南北朝、隋唐时期，五代、辽、宋、金、元时期和明清时期各阶段的具体内容。④

从以上综述可见：关于中国边疆学的构筑问题自 20 世纪 90 年代始在中国边疆研究第三次高潮方兴未艾的大背景下开始为学人关注。

进入 21 世纪，有关中国边疆学构筑的呼声不断，相关论文大多刊发于《中国边疆史地研究》和《云南师范大学学报》两个刊物上。

《中国边疆史地研究》2001 年第 1 期"笔谈专稿：面向 21 世纪的中国边疆研究"上，周伟洲在《世纪之交中国边疆史地研究的回顾与展望》中指出："加强本学科的建设，特别是理论建设……真正构建科学的具特色的中国边疆学的理论体系，应是 21 世纪边疆研究一项重要任务。""中国

---

① 马大正、刘逖：《二十世纪的中国边疆研究——一门发展中的边缘学科的演进历程》，第 28—32 页。

② 邢玉林主编：《中国边疆研究通报》第 1 辑，第 13 页。

③ 马大正、刘逖：《二十世纪的中国边疆研究——一门发展中的边缘学科的演进历程》，第 4—5 页。

④ 马大正、刘逖：《二十世纪的中国边疆研究——一门发展中的边缘学科的演进历程》，第 5—28 页。

边疆学，名副其实地将现实边疆问题纳入研究范围内，即以古今边疆为其研究对象：它既是一门单独的、专门的学科，又是一门综合、交叉的学科。这门学科的理论构建，将更有利于学科的发展，也是 21 世纪时代的需要。"

方铁先后发表了《论中国边疆学学科建设的若干问题》① 和《试论中国边疆学的研究方法》②，前文认为中国边疆学是研究中国边疆地区历史与现状的学科。属于中国历史学科的专门史，以及属于中国历史地理学科的边疆史地学，为中国边疆学奠定了学术基础。中国边疆学涉及诸多学科，如历史学、考古学、语言学、地理学、宗教学、哲学、文化人类学、体质人类学、社会学、政治学、经济学、外交学、法律学、军事学、地缘政治学、心理学、环境学、生态学、遥感学等，而专门史、历史地理学、法学、人类学、国际关系学、边疆现实问题等，是中国边疆学重要的学术支撑点。为推动中国边疆学构筑进程，如下课题亟待组织力量，集中进行研究，即：中国边疆学科的内涵、研究方法；古代治理边疆的理论及其实践；中国历史疆域的形成与巩固，以及现实性生活中边疆地区的稳定和发展；边疆学视野下的跨国区域合作；等等。后文认为：中国边疆学源起于近代以来的边疆舆地学、边政学，以及边疆史地研究，这几个领域均属于历史学。此外，中国边疆学的一个重要特点是历史与现状的研究并重，这些无不与中国悠久的发展过程以及深厚的历史传统紧密相关，由此表明历史学的研究方法，仍然是中国边疆学的主要研究方法之一。鉴于中国边疆学是一门多学科交叉的边缘学科，因此，借鉴相关学科尤其是地理学、人类学、社会学、政治学、国际关系学的研究方法于研究实践，实现研究方法的多样化，已属刻不容缓。总之"我们既要继承和发展历史学的研究方法，也应学习和借鉴相关学科的研究方法"，勇于实践，善于总结、持之以恒、必见成效。

吴楚克先后发表《试论中国边疆政治学与边政学、民族学的关系》③ 和《"边疆政治"：一个新兴的研究领域》④，前文分别研究了中国边疆政治学与传统中国边政学、民族学、人类学的关系，从而为深入探讨中国边

① 方铁：《论中国边疆学学科建设的若干问题》，《中国边疆史地研究》2007 年第 2 期。
② 方铁：《试论中国边疆学的研究方法》，《云南师范大学学报》2008 年第 5 期。
③ 载吴楚克主编《中国当代边疆理论创新与发展研究》，学苑出版社 2013 年版，第 40—47 页。
④ 吴楚克：《"边疆政治"：一个新兴的研究领域》，《中国图书评论》2012 年第 5 期。

疆政治学的主要研究方法和特点拓宽视野。后文则从"边疆"概念演变的角度出发，提出了与近代"边政"有联系但同时又具有新内涵的"边政政治"概念，是对作者《中国边疆政治学》一书的尝试性再深入。

中国社会科学院中国边疆研究所①所长邢广程、副所长李国强先后就中国边疆学构筑撰写专文。邢广程《关于中国边疆学研究的几个问题》②，关于中国边疆学的学科定位，作者认为："边疆史地学科不能完全覆盖新形势下的边疆问题研究"，"我国学术界已提出创建'中国边疆学'的思路"，"中国边疆学属于新兴学科和交叉学科，其学术潜力巨大。作为特殊的地域空间，中国边疆研究的性质和特性决定了必须开展多学科相结合的综合性研究。我们将运用历史学、地理学、政治学、社会学、经济学、法学、国际关系、军事学等多种学科，对我国边疆历史、边疆地理、边疆政治、边疆经济、边疆民族和宗教、边疆资源和生态、边疆与周边国际环境等方面进行综合性研究，在此基础上创建'中国边疆学'"。关于中国边疆学研究的重点，作者进而指出"中国边疆学"研究重点应是："建设海洋强国"作为中国边疆研究新的学术增长点，我国边疆长治久安问题；边疆地区发展问题；边疆地区与周边关系；"一国两制"的成功经验等。当然"我们不应因着力建设中国边疆学而忽视对中国边疆史地问题的研究，事实上，中国边疆史地研究是中国边疆学的一个重要组成部分，是中国边疆学的基础与核心"。

李国强《中国边疆学学科构筑的透视》③ 认为：在边疆问题研究中，历史学无疑是最基础、最重要的学科门类，只有对中国疆域形成、发展的历史有科学、深入的研究，才可能使我们准确把握中国统一多民族国家演进的规律，从而为中国边疆研究奠定坚实的理论基础。但毋庸讳言，仅从历史学的角度来解决中国边疆的问题，显然有很大的局限性。由于学科的分野，加之中国边疆的多样性、复杂性，决定了中国边疆问题的研究需要集纳多学科的理论和方法，学科间互通、交融的趋势大大增强。各相关学

---

① 中国社会科学院中国边疆史地研究中心，已于 2014 年 9 月正式更名为中国社会科学院中国边疆研究所，凡 2014 年 9 月后均用中国边疆研究所。

② 邢广程：《关于中国边疆学研究的几个问题》，《中国边疆史地研究》2013 年第 4 期。

③ 李国强：《中国边疆学学科构筑的透视》，《云南师范大学学报》2008 年第 5 期。

科门类从理论到方法的成熟性，以及中国边疆学术领域跨学科研究的大量实践，为中国边疆学的构筑提供了有益的保障。因此，今日可以说"'中国边疆学'已经呼之欲出"。鉴于中国边疆研究体系中包括了基础研究与应用研究的二元性结构，这一特性决定了它的学科体系必然是二元性的结合。由此，作者认为，就方法而言要倡导三个结合：将马克思主义理论与中国边疆历史与现状的研究实践相结合；将应用研究与历史进程研究有机结合；将西方前沿理论与我国边疆研究传统相结合。就内容而言有两个重点方向：以"中国历史疆域的法律地位"作为中国边疆历史和中国疆域理论研究的出发点，重点开展以羁縻政策、藩属制度为主的中国历代边疆治理与历史疆域形成发展的研究，以"当代中国边疆的稳定与发展"作为中国边疆现状研究的出发点，以中国边疆的重大现实问题为主攻方向，探讨21 世纪新形势下中国边疆发展的规律。就研究手段而言，应注重基础学术资料，广泛利用考古、田野调查和外文资料，借助信息化手段、多角度、多层面审视和考察中国边疆的历史和现状。

周伟洲《关于构建中国边疆学的几点思考》① 在回顾了中国边疆学发展历程及其特征后，归纳了关于"中国边疆学"学科的基本理论和框架的共识有：

一是，中国边疆学是研究中国历史及现实中国边疆（包括陆疆和海疆）的一门综合、交叉的学科，它既是基础学科，也是应用学科；

二是，中国边疆是中国边疆学的研究对象，鉴于中国边疆内涵的多样性，决定了中国边疆学学科之内涵及各分支边疆学的构建的架构，也是对其作为一门综合、交叉学科的注释；

三是，中国边疆学的研究方法是多种学科研究方法的整合，但对研究对象的特点，研究方法的采用重点也应有所侧重，如边疆治理研究中，则主要宜采用政治学的研究方法，而兼用历史学、民族学、社会学等学科的研究方法。

（三）云南大学的"中国边疆研究丛书"

云南大学地处祖国西南边疆，是我国西南边疆建立最早的综合性大学

---

① 周伟洲：《关于构建中国边疆学的几点思考》，《中国边疆史地研究》2014 年第 1 期。

之一。长期以来，依托特殊的区位优势和资源优势，大批学者对边疆问题特别是西南边疆的问题开展了持续不断的深入研究。在几代学者的共同努力下，通过将区位优势和资源优势转化为学科优势，再将学科优势转化为人才培养的优势，云南大学边疆问题的研究与人才培养蓬勃发展，并积累了深厚的学术基础，呈现旺盛的潜力。中国边疆研究现已成为云南大学重要的优势和特色学科。在全力推进、发展中国边疆学学科建设的进程中，云南大学应该义不容辞、责无旁贷肩负起建设和发展中国边疆学学科的重任。

基于构建一门具有中国特色的边疆学学科，在更高的层面和更大的范围开展中国边疆问题的研究成为更多的学者的共识。为进一步巩固和提升云南大学边疆问题的研究水平与实力，2002 年，云南大学提出了建设中国边疆学学科的建设并拟定了具体的方案。2007 年，通过整合边疆问题研究、中外关系史和经济史研究的力量，云南大学专门史学科被批准为国家重点学科。同年，又在历史学一级学科博士学位授权下自主增设了"中国边疆学"二级学科博士学位授权。2008 年，再次抓住国家"211 工程"三期建设的契机，提出"西南边疆史与中国边疆学"作为云南大学国家立项的学科项目加以建设，旋即得到批准。

"西南边疆史与中国边疆学"学科项目，计划从中国西南边疆史、中国与南亚东南亚关系史和中国边疆学研究三个方面较全面地开展边疆问题的研究和中国边疆学学科体系的探讨。同时，还有计划地整理有关西南边疆的历史文献和档案资料，翻译和介绍国外学者关于中国西南边疆研究的重要成果。

为此，云南大学决定编辑、出版"中国边疆研究丛书"，就是为了系统地反映在推进边疆问题研究和中国边疆学学科建设中所形成的研究成果，增进与国内外学术界的交流与合作。

"中国边疆研究丛书"2011 年始由人民出版社陆续出版，迄止 2014 年 6 月已出书 14 种，若按内容可分为三类：

其一，边疆史地类：《中国西南氐羌民族源流史》（段丽波），《明代云南民族发展论纲》（段红云），《云南省博物馆馆藏契约文书整理与汇编》（1—8 卷）（吴晓亮、徐政芸主编），《元明清西南边疆特殊政区研究》（陆韧、凌永忠），《国家资源：清代滇铜黔铅开发研究》（马琦），《中国西南边疆的社会经济：1250—1850》（李中清著，林文勋、秦树才译），《民国时期西南大区区划演进研究》（张轲风），《民国学人西南边疆问题研究》（王振刚），《方国瑜与中国西南边疆研究》（娄贵品）；

其二，地缘政治类：《地缘政治视野下的西南周边安全与区域合作研究》（卢光盛等），《中印边界问题、印巴领土纠纷研究》（吕昭义、孙建波），《边疆与中国现代社会研究》（上、下）（罗群主编），《国际化视野下的中国西南边疆：历史与现状》（林文勋、邢广程主编）；

其三，周边邻国类：《印度教派冲突研究》（张高翔），其中林文勋、邢广程主编《国际化视野下的中国西南边疆：历史与现状》就新国际环境下西南边疆面临的历史与现状问题展开了热烈而前沿的讨论和研究。内容涉及"贝币之路"及其在云南边疆史研究中的意义、周边国际环境的新挑战和中国外交政策的调整、中国边疆学学科构筑及民国学人的西南边疆研究、中英西藏交涉与民初治藏、中印边界问题、多民族国家构建视野下的土司制度及其在民国时期的衰落、西南边疆的羁縻与控制、云南边疆的外侨管理、云南边疆的"走夷方"问题、清代云南水权、清末云南的司法审判、个旧锡业的全球化、中苏经济交往下的滇南经济等问题，在历史和现状的结合上做了前瞻性的研究。

"丛书"主编、云南大学校长林文勋教授指出："从传统的边疆史地研究到中国边疆学学科建设，决不仅仅是研究范围的扩大和研究内容的增加，而一种研究视野的转变和研究范式的创新。"① 云南大学学人在中国边疆学构筑的探索上起了引领之功，功不可没！

（四）云南师范大学学报的"中国边疆学研究"学术专栏

《云南师范大学学报》（哲学社会科学版）编辑部经过多年酝酿、策划，于 2008 年第 5 期始，推出"中国边疆学研究"学术专栏，这是国内学界创办的首个以"中国边疆学"为命题的学术平台，至 2014 年底延续了近六个年头，在学界，特别在边疆研究学界频获好评。我有幸担当"中国边疆学研究"学术专栏开设首位"学科主持"，并撰写《边疆研究者的

---

① 林文勋：《"中国边疆研究丛书"总序》，载《国际化视野下的中国西南边疆：历史与现状》，人民出版社 2013 年版。

历史责任：构筑中国边疆学》刊发，自此之后，对此学术专栏多有关注，对刊发的宏文太多览阅，从中汲取营养，获益匪浅。现拟对 2008 年至 2014 年年底的"中国边疆学研究"学术专栏试作综述和评议。

"中国边疆学研究"学术专栏可做如下四项小统计：

1. 2008 年第 5 期至 2014 年第 6 期，《云南师范大学学报》（哲学社会科学版）共出刊 38 期，"中国边疆学研究"出刊 36 期，仅 2013 年第 6 期和 2014 年第 6 期未出刊。在 2008 年第 5 期"中国边疆学研究·开栏寄语"中说："作为边疆民族地区高校主办的一份学术刊物，长期以来，本刊对中国边疆研究和中国边疆学学科建设均十分关注，曾登载过许多相关的研究论文。今开设'中国边疆学研究'专栏，旨在进一步促进中国边疆学的学科建设和中国边疆研究的开展，并为国家社科基金特别项目'西南边疆历史与现状研究综合研究项目'提供一个学术交流平台。""欢迎致力于中国边疆研究和中国边疆学学科建设的广大专家学者给本栏目赐稿。"

2. 学科主持人 38 人次，其中 2010 年第 2 期、2010 年第 4 期，每一期专栏分设两个专题。担任 4 次专栏主持人的有云南大学西南边疆少数民族中心研究员何明；担任 3 次专栏主持人的有中国社会科学院中国边疆研究所研究员李大龙、云南民族大学教授鲁刚、兰州大学教授徐黎丽、吉林省社会科学院历史研究所研究员李治亭；担任 2 次专栏主持人的有中国社会科学院中国边疆研究所研究员李国强、许建英，中国社会科学院历史研究所研究员李世愉、云南大学教授周平。

3. 论文作者逾 148 人次。作者队伍中包括老一辈资深学者、中年学科带头人、初显头角的年轻才俊。全部是科研单位研究人员、高校院校教师，包括在读博士生。见下表：

单位名称	著文作者（人次）
中国社会科学院	30
中国藏学研究中心	1
海军军事学术研究所	1
北京市社会科学院	1
北京大学	2
中国人民大学	2
中央民族大学	2

续表

单位名称	著文作者（人次）
云南大学	27
云南师范大学	17
云南民族大学	8
云南社会主义学院	1
曲靖师范学院	1
广西民族大学	1
贵州大学	2
遵义师范学院	2
凯里学院	1
西南民族大学	3
西南大学	1
吉首大学	1
吉林省社会科学院	3
辽宁师范大学	2
辽宁省社会科学院	1
齐齐哈尔大学	2
黑龙江大学	1
兰州大学	12
西北大学	2
北方民族大学	1
新疆维吾尔自治区社会科学院	1
新疆师范大学	1
塔里木大学	1
南开大学	2
河北大学	1
复旦大学	1
浙江大学	3
厦门大学	6
暨南大学	3
［挪威］奥斯陆大学	1

从表中可看到，著文作者 15 人次以上的是中国社会科学院、云南大学和云南师范大学，这三个单位都设有边疆研究的专门机构。

再以发文在两篇以上的作者试作下表：

姓名	单位	著文篇数	备注
徐黎丽	兰州大学	6	独著 1 篇 合著 5 篇
周平	云南大学	4	
孙宏年	中国社会科学院中国边疆研究所	3	
方铁	云南大学	3	
李大龙	中国社会科学院中国边疆研究所	3	
李治亭	吉林省社会科学院	3	
何明	云南大学	3	独著 2 篇 合著 1 篇
何跃	云南师范大学	3	独著 2 篇 合著 1 篇
鲁刚	云南民族大学	3	独著 1 篇 合著 2 篇
马大正	中国社会科学院中国边疆研究所	2	
李国强	中国社会科学院中国边疆研究所	2	
许建英	中国社会科学院中国边疆研究所	2	
李世愉	中国社会科学院中国边疆研究所	2	
徐凯	北京大学	2	
陆韧	云南大学	2	
陈跃	西北大学	2	
王文光	云南大学	2	均为合著
余潇枫	浙江大学	2	均为合著
杨国桢	厦门大学	2	均为合著

从表中可看到，作者大多是中国社会科学院、云南大学、云南师范大学的研究人员和教师，"中国边疆学研究"学术专栏经过 4 年余的努力实际上已形成了一支相对稳定的边疆研究的作者队伍，这支队伍已成为当今中国边疆学构筑的重要力量。

4. 刊发论文 113 篇，总字数超过 120 万字。从论文内容看。大体可分为如下五大类：

一是，中国边疆学构筑的探研。

直奔主题论文有三篇：马大正《边疆研究者的历史责任：构筑中国边疆学》，李国强《中国边疆学学科构筑透视》，方铁《试论中国边疆学的研究方法》，是"中国边疆学研究"学术专栏开栏之作，均刊发于 2008 年第 5 期。

二是，历代边疆理论和治理研究，论文总计达 60 篇，其中综论宏观之作有 12 篇，较重要者有：李大龙《多民族国家疆域研究的历程及其特点》（2010 年第 6 期），方铁《论封建王朝治边的历史经验》（2010 年第 2 期），陈跃《"因俗而治"与边疆内地一体化——中国古代王朝治边政策的双重变奏》（2012 年第 2 期），李大龙《边吏与古代中国疆域的形成——以西汉为中心》（2008 年第 6 期），李治亭《论清代边疆问题与国家大一统》（2011 年第 1 期），袁剑《边疆概念的抽象化与具体化——民族志书写与近代的相关尝试》（2014 年第 4 期），段金生、董继梅《试论南京国民政府边政研究的内容与方法》（2010 年第 1 期）等；分论历代中央政府对云南、新疆、东北、北方、西藏治理之作有 33 篇，较重要的有：张轲风《历史时期"西南"区域观及其范围演变》（2010 年第 5 期），李伟《论中原王朝对云南经营模式的转换》（2010 年第 4 期），吕文利《论中国古代边疆治理中的"云南模式"》（2014 年第 4 期），王文光、张媚玲《民国时期对云南民族的治理与认识》（2008 年第 6 期），周卫平《清末民初新疆官制的变迁》（2012 年第 5 期），周泓《晚清民国新疆汉人主体文化》（2014 年第 3 期），许建英《坛庙与神祇：清代新疆汉族移民的社会文化构建》（2014 年第 3 期），成崇德《论清朝的藩属国——以清廷与中亚"藩属"关系为例》（2014 年第 4 期），谢海涛《南京国民政府时期西北边疆的社会政治生态与社会舆论》（2010 年第 6 期），冯建勇《1928—1929 年白崇禧入新风波——兼论南京国民政府对新疆之统合》（2010 年第 6 期），徐黎丽、屈鹏飞《民国时期新疆喀什地区民族问题研究》（2009 年第 6 期），许建英《20 世纪 40 年代美国对中国新疆政策研究》（2011 年第 4 期），齐清顺《前苏联专家及其在新疆的活动》（2011 年第 4 期），陈跃《论清代东北边防战略思想演变》（2014 年第 5 期），徐凯《满洲"汉文化"与接续中华文明之统绪》（2012 年第 4 期），冯建勇《1919 年外蒙撤治事：功过孰论？——〈独立评论〉关于"外蒙撤治"的一场论争》（2012 年第 5 期），孙宏年《从平等到失衡：达赖、班禅关系与国民政府治藏政策研究（1927—1933）》（2012 年第 5 期）等，还有专论土司制度的研究之作 15 篇，主要有：李世愉《关于构建"土司学"的几个问题》（2011 年第 2 期）和《土司制度基本概念辨析》（2014 年第 1 期），马大正《深化土司制度研究的几个问题》（2011 年第 2 期），方铁《深化对土司制度的研究》（2014 年第 1 期），李大龙《多民族国家构建视野下的土司制度》（2012 年第 6 期），商传《从土官与夷官之别看明代土司的界定》（2014 年第 1 期），吴丽华、魏薇《雍正"改土归流"辨》（2011 年第 1 期），杨庭硕《试论土司制度终结的标志》（2012 年第 3 期），罗康智《时空域转换对文本史料的解读价值——以思州土司分治始末为例》（2012 年第 3 期），韦顺莉《论土司地区族群边界的交错与维持——以广西壮族土司为例》（2008 年第 6 期）等。

三是，当代中国边疆治理理论与实践研究，共刊发论文 35 篇，既有宏观阐论，也有边疆地区治理实践的研判。前者刊发了周平的论文 4 篇：《中国边疆观的挑战与创新》（2014 年第 2 期），《中国的崛起与边疆架构创新》（2013 年第 2 期），《论我国边疆治理的转型与重构》（2012 年第 2 期），《边疆治理视野中的认同问题》（2009 年第 1 期），其他重要者还有：张健《国家视域中边疆观念的演变：内涵、形态与界限》（2012 年第 1 期），吴楚克《中国国防与边疆防御问题研究新论》（2010 年第 1 期），何明、王越华《全球化背景下边疆社会稳定研究的几个问题》（2009 年第 3 期），夏维勇《中国周边关系与边疆治理的互动：历史、模式及影响》（2010 年第 2 期），谷家荣、蒲跃《"道义"发展：有序边疆社会构造的根本出路》（2013 年第 5 期），何明《边疆观念的转变与多元边疆的构建》（2013 年第 5 期），徐黎丽《国家利益的延伸与软边疆概念的发展》（2011 年第 5 期），徐黎丽、易鹏飞《陆疆安全问题的识别与界定》（2013 年第 4 期），张锦鹏《公民文化，构筑边疆民族地区和谐发展的基石》（2013 年第 5 期），徐黎丽、杨朝晖《国家体制中的民族管理制度类型及其成因》（2012 年第 2 期），马翀炜《世界遗产与民族国家认同》（2010 年第 4 期），何明《国家认同的建构——从边疆民族跨国流动视角的讨论》（2010 年第 4 期），马曼丽《论当代跨国族体问题中凸显的非传统安全威胁》（2009 年第 6 期），袁明旭《边疆多民族地区群体性突发事件中领导角色的冲突与调适》（2009 年第 6 期），冯江平等《社会预警研究中的判别分析技术的应用》（2014 年第 4 期），鲁刚《我国族际通婚的历史轨迹》

（2014 年第 2 期）等；后者刊发论文主要涉新疆和云南两个方向的边疆治理实践中的题，主要有：余潇枫、周章贵《水资源利用与中国边疆地区粮食安全——以新疆为例》（2009 年第 6 期），安晓平、高汝东《公民意识视角下新疆跨界民族的文化认同培育》（2011 年第 5 期），徐黎丽等《影响西北边疆少数民族地区民族关系的变量分析》（2009 年第 3 期），周本贞《1949—1957 年西南少数民族地区社会治理问题研究》（2012 年第 1 期），鲁刚、陈为智《论"边疆社会问题"的基本涵义和特征——基于云南边疆地区突出社会问题的探索与思考》（2012 年第 1 期），刘雅、刘思远《论云南参与区域安全合作与桥头堡建设的相互关系》（2011 年第 6 期），何跃、高红《文化安全视角下的云南跨境民族教育问题》（2010 年第 4 期），武友德、王源昌《边疆少数民族地区特色城镇化发展道路研究——以云南为例的分析》（2010 年第 2 期）。何跃《云南境内的外国流动人口态势与边疆社会问题探析》（2009 年第 1 期），鲁刚《中越边界云南段沿线地区的边境贸易与经济合作》（2009 年第 1 期），卢光盛、邰可《大湄公河次区域金融合作与中国（云南）的参与》（2011 年第 6 期）等。

四是，海疆历史与现状研究，计有 10 篇，主要有：李国强《海岛与中国海疆史的研究》（2010 年第 3 期），杨国桢、周志明《中国古代的海界与海洋历史教训》（2010 年第 3 期），张炜《"夷夏交争"——中华民族早期的陆海融通》（2010 年第 3 期），刘俊珂《继承与发展：元明清时期的南海经略》（2013 年第 1 期），王潞、刘正刚《传统海洋开发的历程：以渤海湾和北部湾为例》（2011 年第 3 期），郭渊《南越对西沙、南沙群岛的侵占及行为评析》（2013 年第 1 期），侯毅《论菲律宾在南海诸岛主权问题上的"历史依据"》（2013 年第 4 期）等。

五是，西方边疆理论研究，论文有 4 篇：于沛《经济全球化和现代西方边疆理论》（2009 年第 5 期），孙宏年《纷争与互动：帝国主义时代西方"疆界"理论关系简论》（2009 年第 5 期），董欣洁《从欧盟一体化看经济全球化时代的国家边界》（2009 年第 5 期），宋培军《拉铁摩尔"双边疆"范式内涵及其理论和现实意义》（2013 年第 2 期）。

"中国边疆学研究"作为定位于学术的专栏，从推动中国边疆学学科构筑、深化中国边疆治理理论与实践研究、聚焦研究人才等方面均起到了良好的作用，对所刊发的 113 篇论文学术上探研的广度从上述五大类论文题名的罗列上，望题生议也可窥知一二，这里只拟从推动中国边疆学学科构筑和聚焦研究人才的视角分析"中国边疆学研究"学术专栏科研实践于中国边疆构筑可能产生启迪之处，或亦可称为特色之所在，略述个人陋见。

一是，中国边疆学研究的主要内容是从古代至当代中国边疆治理的理论和实践，这从学术专栏刊发 113 篇论文中，上述题材的论文有 105 篇之多得到印证。

二是，中国边疆学是一门研究中国边疆历史与现状的专门学科，因此，历史学的理论和方法是中国边疆学赖以生存的基础。从论文研究的时段看，古代、近代、现代当然是历史，其实当代何尝不是历史，从这一意义上看，中国边疆学研究如果游离于赖之生存的基础——历史学，将成为无源之水，无根之木。

三是，同样也是由中国边疆这一特定的研究对象的时空特性所决定，研究中国边疆要利用多种学科的理论和方法来进行综合研究，因此，中国边疆学是一门综合性的交叉学科，从已刊发论文研究的内容看，政治学、民族学、人类学、社会学诸学科与历史学的有机结合，才使这些论文的学术水准从研究的广度和深度上得以升华。

四是，"以史为鉴"是我国史学研究的优良传统之一，中国边疆研究要依托历史、直面现实，历史与现实的结合，决定了基础研究与应用研究的有机结合，决定了学科建设与决策咨询的双向兼顾，从刊发的论文中也得到体现。

五是，"中国边疆学研究"学术专栏得以成功，并呈现可持续发展的良好态势，除了上述四方面符合了学科发展的客观规律外，学术专栏还有一项成功的经验值得重视，即是人才的聚合。148 人次的作者队伍，38 人次的学科主持人是人才队伍的基础，其实在人的因素中还有一个不应被忽视的是 36 期学术专栏，一以贯之的"栏目首席编辑"邹建达教授，一定意义上说，邹建达教授才是这一人才群体的核心，他自己也是从事中国边疆问题研究的一名学者，在组织实施"中国边疆学研究"学术专栏的实践中，充分展现了自己的学术组织能力和对中国边疆学学术前沿问题的了解和把握，能与高层的学者进行学术对话，成为参与此项工作的所有人的知心朋友！

据悉，为了进一步办好"中国边疆学研究"学术专栏，编辑部在栏目策划、选题、主持人选择以及文章的审校等方面会有一些新的举措，云南师范大学则将从学校的层面在人力、物力、财力上给以更大支持，其中一项重要的举措是成立"中国边疆学研究所"，为专栏提供更强有力的学术支撑。

从将"中国边疆学研究"学术专栏，办下去、办得更好的高度，除当代中国边疆治理的理论与实践有待拓展与深化外，还有两点不足有待克服。其一是在中国边疆学学科尚在创试阶段，有关直面中国边疆学学科构筑的探研还待大大加强，在113篇论文，这一命题的论文仅有三篇是远远不够的；其二西方边疆理论研究也是一个需关注的研究方向，可以有宏观的阐论之作，也可或点或人的评议与研究，更需要将西方边疆理论与古今中国边疆治理理论与实践进行比较的研究之作。

解析：

本文据拙著《当代中国边疆研究（1949—2014）》（中国社会科学出版社2016年版）第十七章基本内容，修饰、删节而成，刊登在邢广程主编《中国边疆学》第三辑（社会科学文献出版社2015年版）。

中国边疆学构筑是当代中国学人的历史担当

关于中国边疆学构筑近 20 年来我撰写了若干文章，大都已结集于《中国边疆学构筑札记》① 之中，在拙著《当代中国边疆研究（1949—2014）》② 的第四编展论中也对中国边疆学构筑做了阐论。2017 年 9 月为参加在昆明召开的"中国边疆治理与中国边疆学构筑"高层论坛，撰写了《关于中国边疆学四题》，并在论坛上做了主题讲话。就我个人言，有关中国边疆学构筑的思考虽未中止，但创意已是乏善可陈。

近年来，我阅读了《中国边疆史地研究》2018 年第 3 期"新时代中国边疆学学术讨论会"专辑所刊诸篇宏文，又重新览阅了孙勇主编《华西边疆评论》第 1—5 辑，以及尚待出版的第 6 辑纸质版，多有启迪，兹在上述《关于中国边疆学四题》的基础上草成本文，以求教于学界同人。

一 关于边界、边境、边疆、中国边疆、中国边疆学

在思考构筑中国边疆学时，离不开如下几个名词：边界、边境、边疆、中国边疆、中国边疆学。

边界，是指国与国之间的交界线，世界上任何一个国家都存有国与国交界的边界；

边境，边境是指与边界线内侧一定范围的地区，一定范围没有统一规定，一般定在 30—50 千米，也就是边界线内侧 30—50 千米范围的地区是指这个国家的边境地区，世界上任何一个国家都存有上述的边境地区，中

---

① 马大正：《中国边疆学构筑札记》，中央广播电视大学出版社 2016 年版。

② 马大正：《当代中国边疆研究（1949—2014）》，中国社会科学出版社 2016 年版。

国的边境地区，根据绝大多数中国陆地边疆省区的边境规定：边境就是与相邻国家接壤的地级市（盟）、县（旗）行政管辖范围内的边疆领土，它包括边境地市（盟）县（旗）、边境管理区、边境地带、边境特殊控制区域等。①

边疆，可从两个视角来说，从国家的中心区域视角看，边疆即是远离中心区域且有边界线的边远地区，从边界线视角看，其地域范围要大于边境地区，从这一意义上说，世界上一些国土面积小的国家就难以划出与中心地区相对而言的边疆地区了，即使一些国土面积辽阔的国家诸如美国、加拿大、巴西等国，若依界定边疆地区两个条件，即有边界线，且具有自身历史、文化特点衡量，也难界定哪些可划为边疆地区，除中国外，唯有俄罗斯是一个有边疆地区的大国。

中国边疆。我们将有边界线，且又具有自身历史、文化、民族诸方面特点的省区界定为中国的陆疆省区，或称为中国陆地边疆地区，包括黑龙江、吉林、辽宁、甘肃、云南五省和内蒙古、新疆、西藏、广西四个自治区，而将有边界线，且又具有自身历史、文化、民族诸方面特点的边境县、市总和称为中国的小边疆地区，亦即上述的边境地区。再加上海疆，包括台湾和海南，这就是中国边疆的地理空间全部。中国边疆具有特殊重要的战略地位，它既是传统意义的国防前哨，又是改革开放的前沿，还是中国可持续发展的基础之地。2013 年 3 月 9 日，习近平同志在参加十二届全国人大一次会议西藏代表团审议时提出"治国必治边、治边先稳藏"重要战略思想，将治边放在治国的首要地位，对国人认识治理边疆重要性具有重要指导意义。"边疆"不能脱离"疆域"而存在，将其泛化不利于对"中国边疆"的研究，也不利于"中国边疆"的稳定和发展。②

中国边疆学。中国边疆学就是研究中国边疆从历史到现实所有问题的综合性学科，中国边疆极具中国特色，研究极具中国特色中国边疆的中国边疆学，当然也是极具中国特色的。我们在借鉴西方国家相关理论时，一定不要忘记中国特色的实际。

---

① 参阅徐黎丽、那仁满都呼《现代国家"边境的界定"》，《中国边疆史地研究》2018 年第 3 期。

② 李大龙：《"中国边疆"的内涵及其特征》，《中国边疆史地研究》2018 年第 3 期。

有学人提出构建中国边疆学，"首先建立一个一般意义上的对人类社会边疆现象进行研究的边疆学学科，并形成一定理论解释与研究方法，最重要的是形成一种从边疆出发的视角，然后以此研究中国边疆形成对中国边疆的特殊认识，构建出中国边疆学"①。如要构建起中国边疆学，首先需要构建起一般边疆学，一般边疆学与中国边疆学是从属关系，亦即一般边疆学是中国边疆研究的基础理论。

中国边疆学构筑进程中应有多种理论探索，从这一意义上我鼓励学人们对"一般意义边疆学"或者称其为"一般边疆学"的探研。

但我认为，从当前世界各国并不存在具有像中国边疆这种特质的研究对象的存在，可以有边界理论研究、边界变迁史研究、边境管理研究，或可提升为边境管理学，至于是否要建构俄罗斯边疆学，或者重振美国边疆学昔日的辉煌，有兴趣者都或关注或探研，但不必将其与我们当前中国边疆学构建历史大任紧密挂钩！

二　中国边疆学构筑演进历程中值得重视的四个节点研究应该深化

中国边疆学构筑从提出到思考的不断深化，是一个渐进、持续的进程。在这个颇显漫长的进程中，我深感如下四个节点是不容忽视的：

一是，对中国边疆研究千年积累、百年探索的继承，以及四十年创新的实践，是中国边疆学构筑的准备；

二是，对中国疆域理论的不断探究，是中国边疆学构筑的学科基础；

三是，对中国古今边疆治理理论与实践的全方位、多层面研究，是中国边疆学构筑的有效切入口；

四是，当代鲜活的现实生活的迫切需求，是推动中国边疆学构筑的重要推动力，或可称为原动力。

由此，我认为中国边疆学构筑具有其必然性、可行性、紧迫性的特点。上述四个节点的研究亟待深化，为此我认为应策划三套丛书的出版，丛书将为中国边疆学构筑研究提供坚实、持续的学术平台和成果积累。

---

① 朱金春：《学科"殖民"与构建中国边疆学的困境》，《华西边疆评论》第三辑，民族出版社 2016 年版，第 66 页。

三套学术丛书是：

一是，"中国边疆研究史理论与实践研究丛书"。

丛书将从中国边疆研究史的视野，对中国边疆研究的千年积累、百年探索、四十年创新进行面和点相结合的回溯和总结，特别应将重点放在四十年创新的经验与教训的总结上；

二是，"中国边疆治理理论与实践研究丛书"。

丛书将从中国边疆治理的思想、理论、政策，以及经营实践出发，依托历史学、政治学、社会学、民族学诸学科的理论和方法，对从历史到现实中国边疆治理进行全方位的宏观与微观相结合的研究；

三是，"中国边疆学构筑研究丛书"。

应创造条件、积累资料、广泛调研、组织力量、集思广益，启动《中国边疆学通论》（暂用名）的研究与撰写，该项目具有理论的创新性、研究的开拓性、学科建设的基础性，其内容应包括中国边疆学的学科定位，学科的内涵与外延、研究特点和方法、研究功能和价值等问题。通过努力，向社会奉献多册能体现极具中国特色的中国边疆时代特色的学术专著。吁请能有专职于边疆研究的机构关注与组织，有更多的同人关心与参与，早日让业界和读者读到从不同角度、体现作者不同特色的中国边疆学"通论""概论""引论"……之作。

三套丛书共同特点可归之为：

其一，古今贯通，以今为主；

其二，宏观研究与微观研究相结合；

其三，学术性、原创性应是丛书追求的学术定位。

为推动中国边疆学构筑的学术研讨，《华西边疆评论》先后开辟"边疆学学科研究""边疆学学科建设研究"等学术专栏，在第三辑（2016 年10 月出版）上刊发了杨明洪《困惑与解困：边疆经济学还是经济边疆学?》，朱金春《学科"殖民"与构建中国边疆学的困境》；第四辑（2017年 6 月出版）上刊发了杨明洪《反"边疆建构论"：一个关于"边疆实在论"的理论解说》，王春焕《关于边疆学研究对象和主要内容的思考》。在第四辑的"笔谈"专栏上还刊发了孙勇《建构边疆学需要打破窠臼》、袁剑《边疆的概念与边疆学建构》、朱金春《从国内两部〈中国边疆政治学〉看边疆学学科建构的困境》，为业界同行开辟了一个讨论中国边疆学的学术平台，《中国边疆史地研究》开设有中国边疆学研究的学术专栏，于研究的深化是大有裨益的，我只是寄希望有四：

其一，寄望于《华西边疆评论》有关中国边疆学的学术专栏能持之以恒，既要有世界视野，千万不要忽视中国实际、中国特色，越办越精彩，且不断扩大作者队伍的覆盖面，并在积累的基础上，不断推出专题论集，以应读者之需；

其二，寄望于《云南师范大学学报》将"中国边疆学研究"学术专栏办得更精彩，能刊发更多直接探研中国边疆学构筑的学术论文；

其三，期待有更多的专业研究杂志和论集，能开辟冠名"中国边疆学研究"学术专栏，吸引更多的学人参与中国边疆学构筑的讨论和争论。其中我以为中国社会科学院中国边疆研究所主办的《中国边疆史地研究》和《中国边疆学》应有更大的作为。

其四，办好肩负记录中国边疆学学科发展演进历程责任的《中国边疆学年鉴》，为推动中国边疆学屹立于社会科学学科分类一级学科之林成为现实做出贡献。

三 关于中国边疆学的学术思考

近些年我认真拜读了各位专家有关中国边疆学构筑的真知灼见，结合《当代中国边疆研究（1949—2014）》一书的撰写和《中国边疆学构筑札记》的编选，进一步梳理了近 20 年来自己有关中国边疆学构筑的种种断想，综合成八点学术思考，以就教所有参与、关注中国边疆学构筑的专家和读者。

（一）中国边疆学的学科定位

中国边疆学既是一门探究中国疆域形成和发展规律、中国边疆治理理论和实践的综合性专门学科；又是一门考察中国边疆历史发展轨迹，探求当代中国边疆可持续发展与长治久安现实和未来极具中国特色的战略性专门学科。中国边疆学是社会科学一个分支，应定位于社会科学学科分类的一级学科。

（二）中国边疆学的学科特点

中国边疆学的学科特点可概括如下三个方面：

其一是综合性。中国边疆学是一门综合性学科，中国边疆社会既是统一多民族中国的有机组成部分，本身又是一个有机整体，研究中国边疆，涉及边疆形成和发展的历史及规律，涉及边疆地区政治、经济、民族、宗教、文化等诸多方面。这些具体研究领域各有相应学科，也有相应学科没有涵盖的研究范围，但结合历史与现实，从中国边疆整体出发进行综合研究，只能是中国边疆学。同时这种综合性的特点，还体现在中国边疆学研究视角、研究方法的综合性上。

其二是现实性。中国边疆学研究的范围虽然包括边疆的历史与现实，但它主要面对的是中国边疆地区的今天和未来，这是中国边疆学研究的最终目的。当前，中国边疆地区正处于急剧的社会变迁与转型时期，实现边疆地区现代化是时代的主流，因此，中国边疆学以中国边疆地区现代化为中心，以改革、发展与稳定为基础，以维护国家利益为最高原则，展开研究，正是由其现实性的特点所决定的。

其三是实践性。中国边疆学注重研究中文化积累，开展相关"绝学"研究外，研究更应面向现实。实践性是中国边疆学研究一贯和典型的特征，实践性着重于研究的应用性，强调它的指导和改造社会实践的可能性。探索边疆历史上的难点问题、现实中的热点问题，正是中国边疆学实践性特点的体现。需要指出，为现实服务，不能混同研究与宣传的界别，应以科学和理性的精神来观察现实、分析现实、指导现实的走向。作为学科研究，既要适应社会，又要引导社会，否则，学科将丧失生机与活力。

（三）中国边疆学学科的分类设置

我曾在《关于构筑中国边疆学的断想》一文中提出"根据中国边疆学的学科特点，中国边疆学的内涵可包括两大领域，暂以'中国边疆学·基础研究领域'和'中国边疆学·应用研究领域'来命名"。[①]

中国边疆学学科的二级学科设置试做如下思考：

依据中国边疆学研究对象中国边疆的历史与现实的特点和复杂内涵，中国边疆历史学和中国边疆政治学应该是中国边疆学学科下的两门最重要的分支学科门类。

[①] 马大正：《关于构筑中国边疆学的断想》，《中国边疆史地研究》2003 年第 3 期。

中国边疆历史学，研究重点是统一多民族中国疆域形成、发展、奠定的历史进程和规律性特点，以及与此密切相关的治边观、历代治边政策等等；在作为二级学科中国边疆历史学下可考虑设置若干三级学科，如中国边疆考古学、中国边疆文献学、中国边疆研究史学等。

中国边疆政治学，将围绕从古至今的边疆治理展开研究，其内容重要者有边疆的政治制度、边疆的社会管控、边疆的民族与宗教、边疆的稳定与发展、边疆的安全与防御、边境管理、边疆的地缘政治等。在作为二级学科中国边疆政治学下可考虑设置若干三级学科，如中国边疆安全学、中国边疆法制学、中国边疆军事学、中国边疆管理学等。

与中国边疆历史学和中国边疆政治学并列，还可考虑设置：中国边疆经济学（生态环境保护、旅游资源开发可纳入其中）、中国边疆人口学、中国边疆文化学（宗教研究应纳入其中）、中国边疆教育学、中国边疆地理学、中国边疆人类学、中国边疆民族问题研究等。

需要说明的，一是，上述各门类研究均应是古今贯通；二是，边疆理论研究为先导；三是，基础研究与应用研究相结合。

中国边疆学学科分类设置既涉及学科内涵的认识，也离不开学科管理层面的诸多方面，学术因素与非学术因素均有所涉及，十分复杂，上述构思肯定是不完整的，也可能有谬误，只是作为一种思路、一个靶子，供思考和讨论。相信随着中国边疆学学科体系构筑的推进，学科设置的认识将日趋完善。

（四）中国边疆学的基本功能

中国边疆学的基本功能可概言为文化积累功能和资政育民功能两大方面，具体说，有以下四点：

其一是描述功能。描述是指客观地搜集、记录和整理边疆社会事实及其过程，着重解决的是"是什么"的问题。这是任何一门学科研究的基础和出发点。

其二是解释功能。中国边疆是一个不断变化的复杂有机体，现实社会的各种现象和众多问题相互矛盾、相互依存、相互交错，中国边疆学的解释功能就是要在说明"是什么"的基础上，解决"为什么"的问题，探寻中国边疆形成和发展的规律。

其三是预测功能。中国边疆学研究的最终目的是促进边疆地区的巩固，促进边疆地区社会的正常运行和发展，因此在厘清因果关系、明了事实的基础上，还必须对边疆社会的现象与问题，及其发展趋势做出科学预测，制定战略规划，提出可操作性的对策，使学科发展与社会实践更加紧密地结合。也就是说，在解决了"是什么""为什么"后，应进而探求"怎么办"的问题。前瞻性、预测性与对策性研究是中国边疆学实用价值的集中反映，也是学科服务于实践的直接体现。

其四是教育功能。中国边疆学作为综合研究中国边疆历史与现状的学科，在对边疆社会的认识与分析中，本身即影响着广大民众的世界观、价值观、国家观、民族观、历史观等方面，事实上发挥着直接教育和间接教育的功能。

（五）中国边疆学的学科依托与学科交叉

中国边疆学是一门研究中国边疆历史与现状的专门学科，从研究时段看，中国边疆研究离不开古代、近代、现代历史演进历程，当代中国边疆何尝又不是历史，因此，历史学的理论和历史学的研究方法是中国边疆学赖以生存的基础。但由于中国边疆这一特定研究对象的多维性、复杂性，中国边疆研究体系中包括了基础研究与应用研究的二元性结构，仅仅历史学科的理论和方法已不能完全适应新形势下边疆问题研究的全部，因此，中国边疆学研究需要集纳多学科的理论和方法，诸学科间互通、交融和集约成为必要，中国边疆跨学科研究的大量实践，为中国边疆学的构筑提供了有益经验。如在中国边疆治理理论和实践研究中，历史学的理论与研究固然必不可少，但若主要采用政治学、管理学的理论和方法，辅以历史学、民族学、社会学等学科的理论和方法，实践已证明，此举将大大推动研究的深化。

（六）中国边疆治理理论与实践研究是中国边疆学研究的重中之重

中国边疆是统一多民族中国的重要组成部分。中国的稳定离不开中国边疆的稳定，中国的发展离不开中国边疆的发展。西部大开发战略的实施，其重点地区也在中国的边疆地区，将中国边疆作为统一多民族国家的有机组成部分，作为一个完整的研究客体，我们才能更好地认识中国的边疆、研究中国的边疆，才能更好认识中国边疆面临的一系列历史上的难点问题和现实中的热点问题，并做出科学的回答。而所有这一切只有在中国边疆学学科建立后才可望得到更合理的开展。

试以中国边疆治理研究为例略作说明。中国是一个有着悠久历史的文明古国，自秦汉以来，历朝历代都十分重视边疆的经营与治理，维护着国家的统一与边疆的发展。中国边疆治理的基本任务是如何守住一条线（边界线），管好一片地（边疆地区）。边疆治理的成败得失，是综合国力强弱的标志之一。中国历代政府在边疆治理方面积累了丰富的经验，而中华人民共和国在治理边疆上既有继承，更多的是创新。边疆治理的内容十分丰富，主要者至少有：边疆行政体制、中央和地方的管理机构、边境管理、边防（国防）、周边外交、民族政策、宗教事务管理、经济开发、文化政策、治边思想等。为了面对 21 世纪新形势的需要，研究应努力尝试通过维护统一多民族国家整体国家利益，来总结历史上治边的经验和考察当代中国边疆稳定和发展面临的机遇与挑战，制定相关的边疆稳定与发展战略，这样宏伟的任务，显然不是仅仅依靠一门或几门学科的理论和方法能完成的，唯有从中国边疆学的学科高度才可望达到目的。

（七）中国边疆学的研究方法

中国边疆学特定的研究对象决定了研究方法中的三个有机结合，即从研究对象而言，中国边疆是历史与现实的结合；从研究类型的分类而言，是基础研究与应用研究的结合；从研究方法而言，是多种学科研究方法的整合。

（八）中国边疆学是一门具有强大生命力的新兴综合性学科

中国边疆学具有强大生命力的原动力，可以如下三个方面来观察与认识：

一是，从中国边疆学研究的对象中国边疆来看。中国边疆学是统一多民族中国的不可分割的组成，中国边疆又是当代中国人继承先辈留存两大历史遗产——统一多民族中国和多元一体中华民族的连接平台，中国边疆战略地位决定了对它研究赋予了特殊的重要性、紧迫性；

二是，中国边疆学研究的基础研究部分，包含了丰富的以史为鉴的功能，在这里历史不是不食人间烟火的阳春白雪，而是与火热的现实生活紧密相连；

三是，中国边疆学研究的应用研究部分，具有强烈的为现实服务的功能，为维护国家统一、边疆稳定、民族团结、社会和谐，为决策部门提供科学决策的政策咨询。

上述三端是中国边疆学这门学科具有强大生命力的原动力，而强大生命力的客观存在又将为中国边疆学的构筑和可持续发展提供精神和物质的基础。

四 学人的历史担当

在几代学人不懈努力下，中国边疆学学科建设步入了快速发展轨道，一门以中国边疆为研究对象的独立知识体系正在建构、呼之欲出。近年来围绕中国边疆学所展开的互动交流、学术讨论十分热烈，有关研究成果超过以往任何一个时期。可以说，构建"中国边疆学"已经从"呼声"转化为学科建设的具体实践，成为边疆研究学术界的共同目标和任务。

中国边疆学构筑当前之要务，我在《当代中国边疆研究（1949—2014）》中曾有简述①，这里拟从学科建设和社会教育两个方面补叙如次：

（一）学科建设方面

中国边疆学构筑的首要条件是要打造具有中国特色、中国风格、中国气派的中国边疆学的学科体系、学术体系和话语体系。近40年来，"中国边疆学在学科目标的提炼、学科结构的打造、学科框架的搭建、研究平台的推出等方面取得了重大突破，在研究人员培养、学术成果的积累等方面取得了可喜成果。但是，应该看到，中国边疆学话语体系相对弱化，尤其是在某一学术体系与邻国的学术体系相交叉、叠合时，往往自缄其口，造成话语断裂、缺失，甚至失语，正是由于中国特色的话语体系和话语创新相对滞后，中国边疆学的学科价值也才更加突显"②。因此，当代中国边疆学学科理论体系和学科话语体系可从以下几个方面展开："1. 在前近代中国历史的语境中凝练出有关疆域和边疆的本土化话语；2. 厘定本土话语表述的基本概念并使之系统化，进而厘清其与当代话语之间的区别与联系；3. 以系统化的本土话语阐明前近代中国疆域与边疆形态发展的基本

---

① 参阅马大正《当代中国边疆研究（1949—2014）》，中国社会科学出版社 2016 年版，第 602—604 页。

② 苗威：《建构中国特色的中国边疆学话语体系》，《中国边疆史地研究》2018 年第 3 期。

规律，并分析其近代转型的复杂历程；4. 在此基础上，从思想、制度、实践等层面上建构符合中国历史传统与现实状况，并具有自身特色的边疆学学科体系。"①

当然中国边疆学学科的理论与方法、内涵与外延、功能与特色等的阐论也有待细化与深化。

在这里我还想强调，既然是中国边疆学，那么构建具有中国特色的边疆学学科应当以我为主，在充分吸收人类各种文明成果，尊重自身历史和传统的基础上，凝练并提出自己的话语和话语体系，从维护国家核心利益的立场出发，科学总结中国疆域发展和形成的规律，多层面、多维度地提炼出并建构自己一套成熟的边疆理论体系，从而才能平等地与国际学术界展开对话。②

我们应该立足中国政治文化传统实际，从中国漫长的历史时期和复杂丰富的现象中，梳理和总结出中国边疆研究的一般性、规律性和突出特点，建构中国边疆研究的话语体系，"至少在中国边疆研究领域不人云亦云，或者不用中国的史实给西方学者的理论做注脚，甚至不必通过引征西方的理论来证明自己的学识和见解，在探索路上给自己壮胆"③。

（二）学人要走出象牙塔，中国边疆学构筑要直面现实、走向社会

学人要在着力推动边疆教育上多做工作。推动边疆教育，这里的教育是指广义的教育，即包括学校教育和社会教育。

关于学校教育，我认为应借鉴 20 世纪 30—40 年代边政学建设的有益经验，在高等院校和有条件的研究机构设立边疆系或开设中国边疆学专门课程，培养受过专门训练的中国边疆学的硕士和博士，以应边疆研究深化、中国边疆学构筑的需要。

在社会教育方面，应加大宣传边疆和普及边疆知识的力度，让国人更多地关心边疆、认识边疆、了解边疆、热爱边疆，让学术走向大众，让大众了解学术，必须说明，这里的大众不光是指千百万普通百姓，还应包括

---

① 王欣：《关于中国边疆学学科话语理论体系建构的几点思考》，《中国边疆史地研究》2018 年第 3 期。

② 参见马大正《中国疆域的形成与发展》，《中国边疆史地研究》2004 年第 3 期。

③ 张云：《中国边疆研究的内涵和特征刍议》，《中国边疆史地研究》2018 年第 3 期。

涉边事务的管理者和决策者。

这方面边疆研究者是大有可为的。

"关于中国边疆学学科建设，学术界提出了多种观点，可谓异彩纷呈，呈现出'百花齐放、百家争鸣'的良好态势。但是在众说纷纭中，中国边疆学学科建设的诸多命题似乎重新变得混沌起来，比如学科定位问题、学科内涵问题、学术体系框架问题等，思想在不断深化的同时，认识差异却有不断加大的趋向。尽管认识上的不一致是十分正常的现象，尽管各种观点理应得到尊重，但'不忘初心、方得始终'，在构建中国边疆学的讨论中，我们不能忽视提出这一命题的初衷，更不能迷失这一命题的方向。因此，始终清晰认识中国边疆学的理论起点、逻辑起点和实践起点，这是我们把握'初心'的根基；始终准确定位中国边疆学的学科目标、学科任务、学科宗旨，这是我们'牢记使命'的关键；始终牢牢把握中国边疆学的时代背景、时代要求、时代方向，这是我们'继往开来'的前提。唯有此，才能使中国边疆学的建设基础更牢固，才能使中国边疆学的发展航向不偏离。"[1]

历史、现实和未来总是相互联系在一起的：历史是现实的昨天，未来则是现实的明天。中国边疆学研究的对象中国边疆，其本身即具有历史与现实紧密结合的特点，因此，中国边疆学研究必须依托历史、面对现实和着眼未来，这既是中国边疆现实向我们提出的要求，也是中国边疆学学科建设的需要。要完成上述任务，中国边疆研究者要完成上述任务，更应继承和坚持求真求善的优良学风。1993 年我曾写道："中国古代传统史学研究，有着求真求善的传统。从汉代杰出史学家司马迁起，求真求善即成为每一位有成就的史学家追求的目标。司马迁的求真，即要使其史书成为'其文直、其事核、不虚美、不隐恶'的'实录'（《汉史·司马迁传》）；而求善则是希望通过修史而成一家之言，即通过再现历史的精神来展现自己的精神。与此紧密相关的就是经世致用的传统。求真求善才能得到的经世的理论体系，致用则是使理论研究达到实用的目的。"[2] 上述这段语当

---

① 李国强：《夯实构建中国边疆学的基础》，这里所引用的系作者提交给"第四届中国边疆学理论创新与发展高层学术会议"的论文（2018 年 11 月 21 日）。

② 马大正：《当代中国边疆研究工作者的历史使命》，载马大正《边疆与民族——历史断面研考》，黑龙江教育出版社 1993 年版，第 5 页。

时主要是指边疆史地研究，我想对中国边疆学构筑也应该是适用的。

中国边疆学构筑，要坚持道路自信、理论自信、制度自信和文化自信，需要学人扎实的研究，持之以恒的决心，锲而不舍的信心，一步一个脚印，即古语所云：九层之台，起于累土；千里之行，始于足下。已经有了一个好的开头，理想之结局会成为现实！

> 2018 年 11 月 10 日草，
> 2018 年 11 月 29 日修改
> 于北京自乐斋

解析：

本篇刊发于《云南师范大学学报》（哲学社会科学版）2019 年第 1 期。

中国边疆学构筑再思考

——"三大体系"建设之我见

    "中国边疆学正在构筑的过程中",这是 2020 年 11 月我接受《中央社会主义学院学报》编辑部采访时说的一句话。于我个人,中国边疆学构筑从提出到思考的不断深化,是一个渐进、持续的进程。在这个颇显漫长的过程中,我深感有四个节点不容忽视:"一是,对中国边疆研究千年积累、百年探索的继承,以及 30 年创新实践,是中国边疆学构筑的准备;二是,对中国疆域理论的不断探究,是中国边疆学构筑的学科基础;三是,对中国古今边疆治理理论与实践的全方位、多层面研究,是中国边疆学构筑的有效切入口;四是,当代鲜活的现实生活的迫切要求,是推动中国边疆学构筑的重要推动力。"

    对上述四个节点的探研,学界同人著文立说,宏论频出。2020 年以来,我又先后拜读了邢广程、孙宏年和李大龙三位有关中国边疆学"三大体系"建设的宏文,推动了愚钝的我对中国边疆学构筑的再思考。广程所长《加快构建中国边疆学》和宏年副所长《加快构建中国边疆学"三大体系"》两文起点高、视野宽,明确提出中国边疆学学科体系、学术体系、话语体系建设应成为中国边疆学理论研究重中之重的议题,将中国边疆学理论研究提升到一个新高度,可视为对边疆研究者振臂一呼的号召书;大龙主编致力于中国疆域理论研究,厚积薄发,成果喜人,所撰之《试论中国边疆学"三大体系"建设》贴近实际、言之有物,读后发人深省之处颇多。本文诸题即是我阅后的片段思考,可算是我们间的一次纸上对话。

一 中国边疆学可以成为一门独立的学科

一门独立学科得以形成，按学术研究规律大体上必须具备下述四个条件：一是，有专门研究对象；二是，有相对固定的研究队伍；三是，有厚重的研究积累和影响；此处所列之一至三条件，系大龙《试论中国边学"三大体系"建设》文中所概括，本文凡赞同并引述大龙文中观点多多，不一一注明，特予说明。四是，有现实生活紧迫的需求。

以此为标准，观察中国边疆研究演进历程，真如大龙所指出：中国边疆学则是以中国边疆的整体作为研究对象，从理论上说是通过学界有志于此的学者们的努力能够形成其他学科不具备的特点，并通过融合其他有关学科的理论与方法形成独特的学科特征。基于此，中国边疆学可以成为，也应该成为一门独立的学科。

中国边疆理论的不断探究，是中国边疆学构筑的学科基础，长期以来我们将统一多民族中国疆域形成和发展及其规律、多元一体中华民族形成和壮大及其轨迹、中国古代治边思想与实践的总结，以及近代以来边界、边境相关理论的研究作为研究的重点展开全方位、多层面研究，现在看来还远远不够。

新时代向边疆研究学人提出了新要求，如习近平同志《在哲学社会科学工作座谈会上的讲话》中指出："要按照立足中国、借鉴国外，挖掘历史、把握当代，关怀人类、面向未来的思路，着力构建中国特色哲学社会科学，在指导思想、学科体系、学术体系、话语体系等方面充分体现中国特色、中国风格、中国气派。"我们应在着力提高政治判断力，政治领悟力和政治执行力的高度上，审视中国边疆学构筑中的理论研究的新命题，亦即加快构建具有中国特色、中国风格、中国气派的中国边疆学学科体系、学术体系、话语体系，并将"三大体系"建设视为中国边疆学理论建设中的首议之题。

二 关于中国边疆学的学科体系

（一）中国边疆学学科体系初解

学科体系于我言是一个十分深奥的问题。借用一位学者的见解："所谓'学科'，指的是科学或知识研究的特定领域或分支。而'学科体系'即是指由科学研究的若干基本领域或分支以特定方式联系而成的具有特定结构和功能的学科整体。""它的基本特征是：第一，用分析的方法将作为一个整体的世界逐层切割为一些不同的领域，以此作为科学或知识研究的不同对象；第二，将这些逐层切割出来的不同领域视为一个按抽象程度从低到高逐层上升的归纳—演绎体系。体系的顶端是抽象程度最高的学科领域，即以探讨适用于各领域的普遍或第一原理为要务的哲学，底端则是来自不同领域的经验陈述。整个学科体系由此呈现出一种金字塔状或树状的形式。""学科体系是一种知识体系。"极具中国特色的中国边疆，其时空可用"上下五千年，东西南北中"来形容，中国边疆又是国人两大历史遗产——统一多民族中国和多元一体中华民族共生的平台。依我理解，中国边疆学即是"指由科学研究的若干基本领域或分支以特定方式联系而成的具有特定结构和功能的学科整体"。

中国边疆学既是一门探究中国疆域形成与发展规律、考察统一多民族中国历史发展轨迹的综合性学科，又是一门总结中国边疆治理理论与实践经验、探求当代中国边疆可持续发展与长治久安现实与未来的极具中国特色的战略性学科。尤其是中国边疆治理理论与实践研究是中国边疆学研究的重中之重，只有将中国边疆作为统一多民族国家的有机组成部分，作为一个完整的研究客体，我们才能更好地认识中国的边疆，研究中国的边疆，才能更好认识中国边疆面临的一系列历史上的难点问题和现实热点问题，并作出科学的回答，而所有这一切只有在中国边疆学学科建立后，才可望得到合理的开展。

中国边疆学具备战略性、综合性、实践性、现实性、预测性五个学科特点。

（二）中国边疆学学科体系的定位

中国边疆学是研究极具中国特色的中国边疆的一门综合性交叉学科，是社会科学的一个分支，应定位于社会科学学科分类的一级学科，为此我强烈建议将中国边疆学归入国务院学位委员会、教育部新设置的"交叉学科"门类，与"国家安全学"等一同作为我国第 14 个学科门类——"交叉学科"下设的一级学科。

是否符合国家重大战略需求，这是前提；已有知识体系和结构的储备情况，是否能支撑国家重大战略的可持续发展，是基础。这是学科能否上升成为一级学科的标准。平心而论，依据上述标准中的前提和基础，中国边疆学研究现状都是达标的。而"社会发展中出现的亟须解决的综合性现实问题，是推动交叉学科合作的根本力量"。一旦学科定位成为现实，将大大激发中国边疆学学科特点的无限能量，为当代中国边疆稳定、民族团结、社会和谐，为社会主义中国的可持续发展和长治久安做出应有的贡献。

三　关于中国边疆学的学术体系

如果说学科体系是关系到学科定位的问题，那么学术体系则是事关一个学科内部体系结构、理论和方法等建构问题。所谓"学术"，"指的是接受过专门训练的人按特定规范进行的系统性研究活动"。而"学术体系"则是"指由学术活动的若干基本要素或环节以特定方式联系而成的具有特定结构和功能的学术研究活动的整体"。任何学术体系都包括三个方面：其一，学术活动的基本要素或环节；其二，这些基本要素或环节之间的联系方式，既包括横向联系，也包括纵向联系；其三，由这些基本要素通过特定方式联系而成的学术活动整体及其内部各要素所具有的功能。"学术体系是一种活动体系。"

大龙对中国边疆学学术体系做了如此表述："我倾向于主张中国边疆学学术体系由一体、两足、八分支构成，即中国边疆学是一级学科，其下有中国边疆历史（历史）学、中国边疆应用（现状）学两足支撑，研究的具体展开则是进一步划分的中国边疆学理论研究、中国东北边疆研究、中国北部边疆研究、中国西北（新疆）边疆研究、中国西藏研究、中国西南边疆研究、中国海疆研究、中国海洋研究等八个分支体系。"

上述见解为我们提供了可进一步思考的蓝本，我想表述愚意有三：

一是关于"一体"。考虑到中国边疆学应定位为社会科学学科分类的一级学科，并归入"交叉学科"门类，中国边疆学应有自己独立的学科体系，对其他学科的理论和方法应采取兼容并蓄、为我所用的方针，其中当然包括历史学的理论和方法。

在此，我想特别谈谈自己有关中国边疆学与历史学关系认识的变化。中国边疆学与历史学的关系，我不止一次做过表述。最近一次表述是："中国边疆学是一门研究中国边疆历史与现状的专门学科，历史学的理论与历史学的研究方法是中国边疆学赖以生存的基础，但由于中国边疆这一特定研究对象的多维性、复杂性，仅仅历史学科的理论和方法已不能完全适应新形势下边疆问题研究的全部，诸学科间互通、交融和集约成为必要，中国边疆学需要集纳多学科理论和方法，为构筑中国边疆学提供有益经验。"这一见解已得到学界多数同人的认同，但我经思考再三，似可做三处补正：

其一，对"历史学的理论与历史学的研究方法是中国边疆学赖以生存的基础"的表述，在"赖以生存的基础"之后加上"之一"，似更符合中国边疆学实际。

其二，强调中国边疆学要依托历史学没有错，但切记，不要将"依托"变成"依附"，若如此中国边疆学岂非成了历史学的附庸，丧失了独立性，这对一门学科的发展将造成致命的制约。

其三，将边疆史列入一级学科历史学下二级学科专门史里，无疑是符合实际的，但中国边疆学绝不是边疆史研究的简单发展，而应是边疆史研究的凤凰涅槃。

二是关于"两足"。将"两足"表述为中国边疆历史（历史）学和中国边疆应用（现状）学，"中国边疆历史学"当然没有问题，但"中国边疆应用（现状）学"的命名，加之，将中国边疆学一体之下按基础研究与应用研究作为支撑"一体"之下的"两足"，似尚有进一步推敲余地。基础研究与应用研究实是指研究方法的分类，从中国边疆研究实际看，很难将基础研究与应用研究截然分开，而应是互补、互促的关系。

三是关于"八分支"。这一划分基本符合中国边疆学学术体系实际。中国边疆这一特定的研究对象其特点就是多样性和差异性。从地域层面看，中国边疆实际上涉及了三个层面，即边疆地区本身、与边疆地区相连接的边内中原地区和边外相邻诸国。从东北、北部、西北、西藏、西南、海疆六大中国边疆地区看，不仅地理条件、民族民风、文化习俗、历史发展均各有特点，凡边疆研究者都深知，边疆研究难，首先是资料的相异，更不用言及相邻周边诸国的地缘政治研究了。从中国边疆所涉之研究课题看，更可说是天文地理、社会百态、历史现状……可谓是无所不包，即以边疆治理命题研究，从历史到当代，政治、军事、经济、社会、文化也缺一不可。所以，中国边疆研究专才难得，出一通才更是不易，因此，需集众人之力，形成合力、集体攻关、始成大业，而其中中国边疆学理论研究当起到核心引领的作用。基于研究对象中国边疆的实际，设置研究的学术体系的"八分支"是一种探索，可在研究实践中臻于完备。

有关中国边疆学学术体系，我曾在学科设置的命题下做过阐释。2019年我在拙著《当代中国边疆研究（1949—2019）》中对中国边疆学学科的二级学科设置分列了七项：中国边疆历史学、中国边疆政治学、中国边疆经济学、中国边疆人口学、中国边疆文化学、中国边疆地理学、中国边疆民族问题研究。坦率说，个人对中国边疆学学术体系内涵的思考尚处在动态的变化中，此次受大龙"一体、两足、八分支"见解的启发，据我对中国边疆研究对象特点的认识，试提出中国边疆学学术体系"一体三领域"的设想。

"一体"，即是中国边疆学。"三领域"，即是中国边疆理论研究、中国边疆历史研究、中国边疆治理研究。

中国边疆理论研究可包括：中国边疆学"三大体系"建设、中国疆域理论、中国和世界各国边界理论等。

中国边疆历史研究可包括：边疆考古、边疆历史、边疆地理、边疆文化、边疆民族、边疆文献等。

中国边疆治理研究以当代边疆治理为主，内容除中国边疆治理古今思想与实践研究外，可依研究地域区分，亦可依研究门类区分。按地域分：中国东北边疆、中国北部边疆、中国新疆—河西走廊、中国西藏、中国西南边疆、中国海疆六大块；而依研究门类分，则可分为政治、经济、军事、文化、地缘政治、生态环境六大类。

四 关于中国边疆学话语体系

"话语体系"指的是由言语实践的若干要素以特定方式联系而成的具有特定结构和功能的言语活动整体，话语体系是一种言说体系。而话语体系因其话语者相异又可区分为：学术话语与官方话语、中国话语与西方话语、现代科学话语与传统话语。我们就是要在现代中国话语体系的引导下，通过现代中国的学术体系，去创造现代中国的学科体系。

大龙在"关于中国边疆学话语体系的建设"一题中，对当前中国边疆研究遇到的问题和挑战的分析，特别对中国边疆学话语体系建设六个方面核心内容的阐论，所言极是，我只是想在如下两个方面做点强调和补充。

一是，中国边疆的界定。中国边疆的界定是中国边疆学学科体系建设的出发点和归宿点，也是中国边疆学构筑的出发点和归宿点。如大龙所言，就当今中国边疆研究而言，将有国界存在的黑龙江、吉林、辽宁、内蒙古、甘肃、新疆、西藏、云南、广西九省区及海疆的全部视为中国边疆涵盖范围，是有历史学背景的多数学者的共识。然而，近些年来随着政治学及其他学科背景的学者积极参与中国边疆研究，在中国边疆的界定上又有高边疆、利益边疆、战略边疆等提法，更有"建构论""实在论"的认识。由此，在中国边疆学命名上，也提出了"边疆学""一般边疆学"的新理念。"百花齐放，百家争鸣"，虽然有助于中国边疆研究的繁荣，但却引发了关于中国边疆内涵的讨论。在何为中国边疆这一基本问题上，出现了不同版本的话语解读，让建构完善中国边疆学话语体系更凸显任重道远。我仍是力主还是抓住中国边疆这一特定研究对象来构筑中国边疆学！

二是，在中国边疆学话语体系建设中一定要重视"两大历史遗产"的研究，这是坚守国人历史文化认知的底线。对中国历史文化的认知是重大原则问题，是国人文化认同、国家认同的重要基础之一。对此，我国历史上许多有识之士有过精辟阐论。清代龚自珍曾言："欲知大道，必先为史。灭人之国，必先去其史。"

我们曾多次论及，我们的先辈为今人留下了两项举世瞩目、无与伦比的历史遗产：幅员辽阔的统一多民族国家和人口众多、多元一体的中华民族。这是中国不同于世界上任何一个国家的特殊国情，也是每一个中国人历史文化认知的核心内容。这些都是大道理、大前提。有了这样的历史文化认知，大道理就能够管住小道理，大前提就能够管住小前提。我们要通过长期、扎实的研究，努力使这些大道理、大前提深入人心，成为中华民族每一成员的共识。

两大历史遗产是中国与中华民族生生不息的强大原动力，是物质与精神的有机结合、互补互促，并成为每一个中国人的宝贵精神财富。中国边疆是两大历史遗产的交会平台，两大历史遗产研究应成为中国边疆学话语体系一项重要内容。今天，我们更应该在中华民族共同体理论框架下开展对两大历史遗产宏观与微观相结合的研究，并将历史成果普及于国民教育之中。

由此，结合大龙所提，我认为中国边疆学话语体系建设核心内容至少可包括6个方面：（1）中国边疆界定的话语体系；（2）"两大历史遗产"在国人历史认知建设中战略地位话语体系；（3）统一多民族中国形成与发展中"统一"与"多民族"的话语体系；（4）亚洲传统"天下秩序"形成与发展过程的解构，或者可称为古今中国与周边关系话语体系；（5）中国传统治边思想及其实践话语体系；（6）海疆与海洋话语体系。

五 边疆学人的历史担当

中国边疆学"三大体系"建设当前亟须应对诸多问题，大龙提出了五大应对的问题：一是中国边疆学学科定位亟待明确；二是中国边疆学学术体系亟待整合；三是中国边疆学基础理论研究亟待加强；四是中国边疆学研究队伍亟待整合壮大；五是中国边疆学基本知识的普及亟待加强。

我甚赞同，对上述五个问题深化探究，当是边疆学人的职责所在、历史担当。

"不忘初心、方得始终"，在中国边疆学构筑的讨论中，在中国边疆学"三大体系"建设的探研中，我们毋忘提出这一命题的初衷，更不能迷失这一命题的方向。因此，"始终清晰认识中国边疆学的理论起点、逻辑起点和实践起点，这是我们把握'初心'的根基；始终准确定位中国边疆学的学科目标、学科任务、学科宗旨，这是我们'牢记使命'的关键；始终牢牢把握中国边疆学的时代背景、时代要求、时代方向，这是我们'继往开来'的前提"。

在面对历史担当的重任，我想补叙两点愚意。

首先，最重要的是，中国边疆学构筑、中国边疆学"三大体系"建设、中国边疆学研究的全面展开，一定要防止边疆概念泛化倾向，千万不要忘了中国两字，不要脱离中国的实际，不要偏离了中国边疆学是研究极具中国特色的中国边疆的一门极具中国特色的"交叉学科"。为此，我愿重申两个担忧：

"第一，我们提倡的是中国边疆学，现在有一些专家，把'中国'两个字去掉了，或是先说边疆学，再加一个一般边疆学，再来一个中国边疆学。这里就有一个大问题了。我觉得中国边疆学这样一个边疆，在全世界除了俄罗斯有，其他都没有。小国有边疆吗？它们只有边境地区，没有边疆。边界是每个国家都有的，挨着边界的边境也有，但边疆则是有自己发展特点的地方，除了俄罗斯有边疆，包括美国都没有。美国的所谓边疆，特纳的边疆学讲的是开发西部，跟我们的边疆概念完全不一样。如果是边疆学，就要研究世界的边疆，世界很多国家没有边疆，不是给自己弄乱了吗？这是第一个担忧。"

"第二，现在有些年轻学者，外语好，用西方的边界理论来套中国的边疆，越套越乱。中国的边疆是中国特色的，它不是民族国家成立以后现代意义的边界。如果用现代意义的边界来看历史上的边疆，越说越糊涂。中国是东方国家，我们古代是有边无界的，那时的中国人脑子里没有那么清晰的边境线，这是中国特点。"

其次，有关中国边疆学研究队伍亟待整合壮大问题，我也有些许认识可陈述。

其一，研究队伍的组成，应包括机构和人才，机构是指以研究中国边疆为己任的实体研究机构和非实体研究机构；而人才则应包括研究学人和研究工作的管理者。从当下实际看，相当多的资深研究者大都属业务、行政"双肩挑"者，这样的研究者现状，大有利中国边疆学研究能按学术规律的轨道有序推进。

其二，在中国边疆学研究的队伍建设上应着力培养既长于基础研究，又善于应用研究的复合型人才，因为中国边疆这一研究对象本身的特点就很难明确区分基础研究与应用研究的内涵，加之如果缺少了基础研究的长期积累，应用研究只能就事论事，难以取得带战略性和预测性的高质量的研究成果。我们提出依托历史、直面现实、着眼未来，其本意也即在于此。因此，那种机械地将中国边疆研究人才分为基础研究与应用研究两支队伍的认识是值得商讨的。

其三，如何实现"团结凝聚"中国边疆学研究队伍的任务，这是今天中国边疆研究面临的挑战，也是中国边疆研究所再创辉煌的难得机遇。如何实现"团结凝聚"中国边疆学研究队伍呢？近年一则"药方"，就是成立全国性的"中国边疆学会"，以整合全国涉边疆研究力量。对此，民国时期全国性的边疆学会的兴起对中国边疆研究的重要推动作用，被作为成功的"案例"。据知，有关部门为此已做了大量的前期筹划和准备工作。

对此，我想抒二言：

言之一，改革开放以来，随着"科学春天"的降临人间，在研究发展大潮推进下，各色学术性学会、协会、研究会如雨后春笋出现在神州大地，但随着时间的推移，大多数学会，能坚持一年或几年开一次会、出一本论集就很是不错了，相反人浮于事、管理松散、资金短缺成了工作中明显的短板，加之不少学会陷入"衙门化"泥沼，顾问、名誉会长、会长论资排辈，常务理事、理事甚至逾百，学术性下降，官僚化上升，学人们看在眼里，心知肚明，要革除如此积疾非不能也，但也难矣！

言之二，说到民国时期（主要指 20 世纪 20—30 年代）有关边疆学会的兴起对中国边疆研究事业推动的实践，这方面研究成果颇多，我在拙著《当代中国边疆研究（1949—2019）》第二章论及"第二次中国边疆研究高潮"（第 59—79 页）一题中已有阐论。孙喆、王江的《边疆、民族、国家》（中国人民大学出版社 2013 年版），孙喆《江山多娇：抗战时期的边政与边疆研究》（岳麓书社 2015 年版），汪洪亮《民国时期的边政与边政学（1931—1948）》（人民出版社 2014 年版），汪洪亮《抗战建国与边疆学术：华西坝教会五大学的边疆研究》（中华书局 2020 年版），王振刚《民国学人西南边疆问题研究》（人民出版社 2013 年版）等，也多有宏论可供参阅。

其实即以当时成绩斐然的禹贡学会言，学会本身只是一个平台，关键还是利用这个平台的实际掌门人——顾颉刚先生的智慧与能力。顾颉刚先生能抓住推动一门学科发展的两大关键，即提出符合学科发展的远景规划，以及为实现这一规划的切实可行的近期计划；制定为能使符合学科建设需要的远景规划和近期计划实现的一套行之有效的学术组织工作的正确方法。今天，人们在回顾禹贡学会前辈的业绩时，有三点令人深思：

一是爱国之心与创业之情是推动禹贡学会同人艰苦创业共同前行的原

动力。

二是同事之间、同人之间的"同声相应、同气相求"，是促进禹贡学会同人默契配合、上下求索的催发剂。

三是禹贡学会学术组织工作的有声有色，成绩斐然，是与顾颉刚先生的努力分不开的。我们知道，一位著名的史学大师，并不一定是一位优秀的史学工作组织者。而顾颉刚先生则是一身而二任，他兼具了作为一位优秀学术组织者不可缺少的品德：他学识渊博，心有全局，能将远景规划融于切实可行的实践之中；他广交同人，切磋学识，随时汲取有益营养，日新又新地开发新的学术园地；他平易近人，心胸宽广，热心提携青年，不断扩大研究队伍。正是在顾颉刚先生的指导下，禹贡学会造就了生机勃勃的学者群体，并在 20 世纪 20 年代至 30 年代中国边疆史地研究诸学术团体中脱颖而出，在中国边疆研究第二次研究高潮中，极有光彩地将中国边疆史地研究推进到一个新的阶段。显然，关键不在于学会本身，而是是否有能利用学会平台的大师。

如今民国时期已远去，那么再一起回忆和审视 30 多年来从中国边疆史地研究中心到中国边疆研究所学术实践及其成为中国边疆研究第三次研究高潮出现的推动力之一的成功案例，记忆的亲切、启迪的深切，应该成为一代学人的精神财富。

习近平同志《在哲学社会科学工作座谈会上的讲话》中指出："我们不仅要让世界知道'舌尖上的中国'，还要让世界知道'学术中的中国'、'理论中的中国'、'哲学社会科学中的中国'，让世界知道'发展中的中国'、'开放中的中国'、'为人类文明作贡献的中国'。"

作为中国边疆学人群体中的一员，在读了大龙宏文之后，将对于中国边疆学"三大体系"建设思考片段写出来，是对自己多年有关中国边疆学构筑思考的延续和深化，寄望有更多同人抒发宏论，参与讨论。

还是一句老话：

我最大的心愿是：祝愿中国边疆学早日成为中国学科之林中的一员和中国边疆研究所兴旺发达！

解析：

本文刊发于《中国边疆史地研究》2021 年第 3 期。

马大正：边疆学开拓者

——一门中国人创造的学科，正在揭示大一统 国家经略边疆的历史与现实经验

虽然 2006 年马大正就从中国社会科学院中国边疆史地研究中心淡出，但时至今日，谈起中国的边疆问题与研究，人们还是会把目光投向这位 76 岁的学者。

自秦汉以来的国家大一统，无不与边疆的成功经略休戚相关。边疆二字，于今日中国依然具有种种复杂而尖锐的现实内涵。

马大正所从事的这一门"边疆学"，正是以研究中国边疆历史和现状、多学科交叉、极具中国特色的边缘学科。30 多年中，行遍中国边陲，"为大美边疆而乐，为边疆滞后而忧，在行中思、思中行"。

2001 年卸下中国边疆史地中心主任之职，2010 年退休，对这位"中国边疆学拓荒人"来说，研究员的岗位是永不退休的。如今，他每周仍要到国家清史编纂委员会，履行副主任的职责。马大正说，对于中国漫长边疆的研究，已成了他生命的一部分。

歪打正着的历史研究者

身材高大的马大正，口音中稍带江浙痕迹——他 1938 年生于上海的"资本家家庭"。

高级知识分子聚集的环境，让马大正受到良好的文化熏陶。父母离异，则让他从小就"追求一种家庭和睦"。总之，大时代变迁导致的动荡，让他始终觉得人还是要"靠本事吃饭"。

在进入历史研究者的行列之前，马大正本有另一种选择。当年已是共青团员的马大正学习成绩优异，准备保送外交学院，一度憧憬着外交官生涯。箭在弦上，他突然被通知"体检血压有点高"，这当然是"众所周知的原因"。马大正很痛苦，此时他还不满18周岁。

回忆起1956年的这次高考，马大正说，当时最吸引人的是新闻专业，其次是中文，"历史是个太古的东西"。

因为觉得没什么可填报的了，马大正将第三志愿的第二个学校写为山东大学历史系，第一志愿则是北京大学——数十年后他对本刊记者回忆，当时一门心思想离开从小生长的环境。

发榜后，马大正去了山东大学。他安慰自己，当年大学所处的青岛"很诱人"。

宁静的大学生涯没能持续多久，1957年开始，各类政治运动风起云涌。

当时，在破除迷信、解放思想的风潮下，他们也参与编书。马大正参与的是《世界现代史》，"分给我世界文化科学部分，东抄西抄，但也是个实践。这份东西现在我还留着"。

1960年，山东大学历史系的分配情况很好，很多人前往北京。马大正不敢想：在"左中右"的政治色谱中，他是"中间派"的"中中"，应该去不成北京、上海。他被留校当研究生。

"当时研究生还是一个十分稀缺的岗位。"马大正说，他觉得改变不了现状就要适应，借此机遇，学点本事也挺好。

民族关系史打开一扇大门

这个乐观的人很快发现，困难时期运动少了，虽然饥肠辘辘，但可以静下心来看书学习。

在后来的回忆中马大正说，这段时间，曾是燕京大学高才生的名门之后徐绪典教授，让他获得研究历史的方法，"受用一辈子"。徐绪典擅长太平天国运动和近代对外关系史研究，马大正就选择太平天国运动的对外关系史作为研究方向。

后来马大正被分配到中科院民族所历史研究室。抗战时入党的研究室主任找他谈话，第一个问题：你是回族吗？

因为马大正姓马，主任的意思是，要是回族就让他去搞回族史。

但他没能搞成回族史，很快"四清""文化大革命"开始。马大正说："平心而论，这些年也确是经风雨、见世面、长知识。能做而我未能做到的是，不及我的同龄者拿着《毛选》外文版学外语。"他那时看的是中苏论战的俄文资料。

1975 年，中科院蒙古史老专家翁独健——原燕京大学教务长、民族所副所长，承担准噶尔历史研究课题，他请马大正共同参与这项工作。之前在五七干校，马大正经常照顾腿脚不好的翁独健。

马大正对准噶尔的知识实在知之太少。翁独健为他分析，你可以借助目前的任务，将新疆的蒙古史研究延伸至蒙古史，进而扩展至喜爱的新疆史研究，岂不更好？

马大正的人生就此改变。而今他对本刊记者说，自己一直把已经去世近 30 年的翁独健看作除了研究生业师以外唯一的老师。

他记得翁独健告诫自己，做学问一定要详尽地掌握原始资料和国内外研究动态，研究作品要经得起时间的检验，"不要成为应时之作"。

在 1982 年完成《准噶尔史略》一书后，1984 年马大正又参加由翁独健主持的《中国民族关系史纲要》的撰写，分工隋唐民族关系史的研究。中国西北、东北、西南等地的民族关系史，为马大正打开一扇大门。

两年后，课题完成，翁独健辞世，马大正来到组建不久的中国边疆史地研究中心。

踏进边疆史

改革开放后，中外关系史和中国边疆沿革史研究提上议事日程。1983年中国边疆史地研究中心应运而生，中国社科院从民族所、近代史所抽调的一批人成为初创者。翁独健是中心主任。可当时人们对于如何开展边疆史知之甚少。

成立后的 3 年里，近代边界问题研究禁区林立，学术成果无法公开发表，要看档案资料，必须持外交部介绍信。

翁独健去世后，中心也陷入瘫痪。中国社科院相关部门找马大正谈，马大正直言："要么解散，要么改组。"所谓改组，即研究内容要扩充，要独立运作，有独立经费与编制。

意见被采纳后，1987年他们得到了一笔经费6万元，马大正也在那一年成为中国边疆史地研究中心（以下简称边疆中心）副主任。

中国边疆研究准备起航。

其实边疆研究是一个中国人创造的学科。至少这种表述，在世界范围内还鲜有雷同。

起初，马大正和同人"研究古代的边疆治理"，将历代治边政策作为切入点和突破口。他将中国视野与世界视野融合进了边疆研究的历程中。

以清代边疆政策而言，当时现实意义的边防及外边防务问题日益凸显，但面对边疆防务变化，统治者仍沉迷于治理"内边"的传统边疆政策而不思防备外患之策。他说，"致使清朝前期边疆政策的成功与辉煌很快变成了明日黄花，清后期边疆政策的全面破产，是清朝丧权辱国、割地赔款的一个重要因素"。

经略边疆，这个经常出现于线装古书中的词汇，由此开始进入马大正的头脑。

1990年，中国社会科学院对边疆中心提出加强当代中国边疆研究的任务。马大正与他的团队开始了历时10年的边疆调研：将边疆历史和现状有机结合，"当代中国边疆系列调查研究"启动。

当时这个工作是保密的。人们对"社科院调查"很警惕，马大正此前搞民族史的人际关系派上了用场。

新疆博尔塔拉蒙古自治州的一位领导，因为蒙古史研究与马大正结缘。正好该地与苏联有200余千米边界，时有纠纷，需要调研，双方一拍即合。对方连州常委开会的档案都给学者们看了，军分区的人也将边界的情况与他们坦诚交流。

边疆中心在马大正组织下的第一个调研报告就这样出炉了。

10年里，他们完成了除西藏外的12篇调研报告。

比如西南方向，重点关注云南的毒品问题。为此他们四下云南，并到泰国、缅甸、越南，进入"金三角"，为当代云南禁毒斗争"尽了学人的责任"。

坚持实事求是路线

新疆是调研重点——12 篇报告里新疆占一半，那里也成为马大正去过最多次的边疆省区——30 余年 50 余次——走遍了新疆绝大多数边境县，去了新疆周边的大多数邻国，穿越了塔克拉玛干沙漠，深入研究蒙古土尔扈特部的"东归"和察哈尔部的"西进"，以及新疆的稳定问题、新疆生产建设兵团布局问题。

报告在新疆引起了"非常大的好评"。

马大正与新疆干部交流中发现，新疆党政部门对当地的问题的确很着急，"但对历史的来龙去脉是模糊的"。

即便当时的官方提法，也有一些概念需要厘清。比如什么叫民族分裂主义？学者的本能让马大正提出："不应该提民族分裂主义，应该提分裂主义。因为这些人要分裂的不是民族，是国家。"

如今，在"上合组织"的正式文件中，"民族分裂主义"改成了"分裂主义"。

马大正后来把 20 世纪 90 年代的反分裂斗争归纳为六条战略共识。

新疆反分裂斗争的长期性、艰巨性、复杂性不能忘，否则要受惩罚；新疆的反分裂主义反恐斗争是社会系统工程；发展新疆经济、改善各族人民生活是第一位的工作，是硬道理；干部是决定一切的因素，再好的政策没有干部来执行也不行；壮大新疆生产建设兵团是稳定新疆的战略需要，等等。

他更强调，新疆需要"是什么问题就按什么问题处理"，也就是"不要什么都按民族问题来处理"，"要坚持实事求是的思想路线"。

研究不是决策

马大正觉得，边疆研究不能只用历史学方法，应该多学科交叉，1997 年他提出构建"中国边疆学"的概念。

在理论架构中，中国边疆地区不能简单等同于历史上的边疆地区，"中国疆域的历史发展呈现出延续性和波动性相结合的特点"。

清代嘉庆、道光、咸丰年间的有识之士，先后撰写了关于新疆、蒙古的系列论著，除对边疆民族地区的调研外，已开始关注中外边界纠纷问题。

民国时期，民族危机加重，学者吴文藻于 1942 年提出"边政学"的命题，而华企云所著《中国边疆》使得中国边疆作为一个完整的研究客体被明确其独立地位。

此后，20 世纪 30 年代活跃于学坛的"禹贡学会"，燕京大学、北京大学以及辅仁大学的历史系师生们，对于民俗史、边疆史、内地移民史等范畴内的边疆研究有了较大发展。

与很多理论学科不同，边疆学的研究某种程度上与政府决策行为联系较为紧密。

虽然很多研究为决策服务，但"绝对不要把研究等同于决策"。此前他亦曾表示，"切不可把研究者在边疆研究中发表的学术见解，错当成某种政见而给予过度的重视或过分的责怪"。

20 世纪 80 年代开始，边疆史地中心对于中国边疆问题的研究，某种程度上与官方决策形成良性互动。

马大正一再感慨，研究不是决策。"我就希望你能让我说，哪怕说得不合适，不要追究我责任。"

他觉得，研究的氛围正逐渐宽松。

但相当长的时期内，边疆学研究仍面临"档案资料搜集整理困难"与"研究视角需要不断拓展"的现实挑战。

马大正觉得，具有优良传统的中国边疆史地研究，20 世纪 80 年代以来在研究实践中实现了两个突破。

一是突破了以往仅研究近代边界问题的研究范围，开始形成以中国古代疆域史、中国近代边界沿革史和中国边疆研究史三大研究系列为研究重点的研究格局，促成了中国边疆史的大发展。

二是突破了史地研究的范围，将中国边疆历史与现状相结合，形成依托历史、直面现实的特点，由此具有中国特色的中国边疆学的构建也提上议事日程。

让他欣慰的是，中国边疆学的构筑，今天已成为边疆研究者共同的心愿，并均在为此努力着。

解析：

该文为齐岳峰所作。《瞭望东方周刊》记者齐岳峰慕名找来，2014 年 10 月我与他有三次长谈。10 月 6 日和 10 月 17 日两次主题是边疆研究，10 月 19 日主题是当代中国边疆治理，采访稿以《马大正：边疆学开拓者——一门中国人创造的学科，正在揭示大一统国家经略边疆的历史与现实经验》为名，刊登在《瞭望东方周刊》2014 年第 42 期。只想补叙一个小花絮，题名原用的是《马大正：边疆学的奠基人》，我深感"奠基人"于我过誉，开拓者较为符合我的实际，感谢齐岳峰接受了我的意见。

中国边疆学构筑命题的提出与突破

——访马大正先生

一 20 多年前中国边疆学构筑命题提出的学术和社会背景

问：马老师您好！听闻您已 80 高龄，常笑侃自己是个"80 后"，而您的学术精力也确实像一位 80 后一般，甚至每日比一些年轻学者还要忙碌和勤奋。我们知道您一直在致力于中国边疆学的学科构筑的思考，对中国边疆学构筑的努力，应该是您一直保持学术活力的最重要动因了吧？

答：是的，中国边疆研究已成为我生活的一部分，书生、书生，以书为生，我的书生生涯，也就是以中国边疆研究为生吧！而我以中国边疆研究为生的最大的心愿，就是中国边疆学能成为我国学术之林中的一员。

问：1997 年，您与刘逖老师合著《二十世纪的中国边疆研究——一门发展中的边缘学科的演进历程》一书，提出了中国边疆学构筑的六点思考，可谓打开了中国边疆学构筑的一扇大门，为什么选择在这样的时刻提出这么一个命题，中国边疆学构筑命题的提出有什么样的学术或社会背景呢？

答：中国边疆学构筑这一命题的提出，不是一时心血来潮，而是有其学术的和社会的大背景。学术背景主要是，1983 年中国社会科学院中国边疆史地研究中心的成立，对中国边疆研究第三次研究高潮的到来起到了关键作用。1987 年，中国社科院边疆中心已经做了四年相关工作，积累了一定的经验、教训，在此基础上我们进一步确定了边疆科研下一步工作计划，积极推动了三大研究系列，包括中国边疆研究史、中国近代边界沿革史、古代中国疆域史。

中国边疆史地研究，自近代以来曾经出现过两次高潮。第一次高潮发生在鸦片战争之后，在西方帝国主义列强的鸦片与大炮入侵下，清帝国闭关锁国的大门被打开了，紧接着大清朝签订了一系列不平等的条约，给中国的边疆地区带来严重的政治和社会危机。何秋涛、魏源、梁廷枏、夏燮等具有强烈社会责任感的知识精英，出于对边疆问题的现实关怀，发愤潜心于边疆史地的研究，献策献力以抗击外敌，研究势头一直持续到了清朝末年。第二次高潮发生在 20 世纪 20—40 年代，在民族存亡的紧要关头，有一群受到过资产阶级史学理论和方法训练的爱国知识分子，寄希望于利用对边疆史地的研究，来激发国人的爱国热忱，发表了令人瞩目的研究成果，推动了边疆史学的发展，给后来人创造了一定的研究基础。

中国近代边界沿革史的研究同样是刻不容缓的。对近代边界沿革历史做深入研究，是一项对现实有所裨益的工作。这项工作在半个多世纪以来，在中国近代史、帝国主义侵华史、中外关系史、民族史等多个领域研究中均有所体现，已经获得了一定的研究成果，为进一步深化中国近代边界变迁史研究创造了极为有利的条件。

而关于古代中国疆域史研究，首当其冲要重视对中国古代边疆政策的探索，中国古代边疆政策在边疆学研究当中极其重要，甚至能够带动整个全局性研究，这一块要格外重视。另外，无论是哪一方面研究，都必须从统一多民族国家的形成和发展这一前提出发，我相信随着边疆学更多重要领域研究的推进，必将不断拓宽研究者的视野。

当然中国边疆史地研究是个非常大的领域，并不是"三大研究系列"就能够完全涵盖的。但开展三大研究系列的提出，确是第三次研究高潮中第一个突破，得到了学界同行的认同和响应，为中国边疆学的构筑提供了良好的学术发展起点。

说到社会背景，20 世纪 90 年代以来以稳定与发展为主题的当代边疆调研有序展开。在 1990 年，边疆中心按中国社会科学院要求加强当代中国边疆调研的任务，边疆中心因此组织了一系列当代中国边疆调研工作，这些调研工作与"当代中国边疆系列调查研究"课题的持续开展紧密相关。"当代中国边疆系列调查研究"是分阶段实施的研究工作，每期工程在两到三年，前后持续了十个年头。其中 1990 年至 1996 年完成了第一期和第二期工程，撰写了海南一篇、云南一篇、新疆三篇，共五篇调研报告。

1997 年至 2000 年又先后完成了第三期和第四期工程，先后完成包括《云南禁毒工作追踪调研》（1997）、《新疆社会稳定战略》（1999）、《新疆生产建设兵团布局与新疆稳定研究》（2000）等七篇调研报告。这些研究工作的完成，使中国边疆史地研究实现了第二个突破，也即是将历史与现实紧密结合，更自觉地开展边疆现状的调查和研究。这就是中国边疆学构筑命题提出的社会大背景。

二 中国边疆学构筑进程中四个节点应予特别关注

问：自中国边疆学构筑提出以来，学界对此都比较关注，不断注入新的思考，研究也不断深化，但是在这样渐进和持续的过程中，也可能因为把握不好方向，偏离轨道，您认为中国边疆学的构筑应该注意哪些问题？怎样从实际出发，更好地推进中国边疆学的构筑？

答：中国边疆学的构筑并不是拍个脑门子就等于完成的事，它从提出到深化，需要不断地思考、不断地积累，是渐进、持续的过程。这个过程不会一蹴而就，而是审慎的、漫长的，直至最终形成。在这个过程中，我的感受是下面四个节点应引起重视：

一是，对中国边疆研究千年积累、百年探索的继承，以及 40 年创新实践的总结，是中国边疆学构筑的准备。中国边疆学构筑要做好准备工作，就要求我们必须重视前人的研究成果。

二是，对中国疆域理论的不断探究，是中国边疆学构筑的学科基础。在对中国边疆学构筑过程中，理论研究是极其重要的，当前，我们还面临来自西方国家的理论挑战，在理论方面尤其需要不断完善。

三是，对中国古今边疆治理理论与实践的全方位、多层面研究，是中国边疆学构筑的有效切入口。对中国古今边疆治理的探索，是一块更加面向现实研究的领域，可以作为中国边疆学构筑的有效切入口。

四是，当代鲜活的现实生活的迫切要求，是推动中国边疆学构筑的重要推动力。中国边疆学构筑的一个重要推动力，就是以解决现实问题为目的，研究中国边疆学的学者必须承担一定的社会责任。

在中国边疆学构筑的思考进程中，我步履漫散，近 30 年过去，有进展，但离理想彼岸的抵达还路途漫漫。

三　中国边疆治理研究深化的三个演进阶段

问：中国边疆是统一多民族国家长期发展的历史产物，中国边疆的发展经历了漫长的历史，而学人对中国边疆研究也经历了千年积累、百年探索的悠远进程，其中对中国边疆治理的研究尤为重要。您认为，中国边疆治理研究的逐步深化大概经历了哪几个发展阶段呢？

答：当前的清代边疆研究很热，这几年以清代边疆研究为主题的学术研讨会、座谈会、论坛、高层论坛等不计其数，而把清代边疆治理研究作为会议议程的会议更多。这说明清代边疆治理研究不仅是我们边疆研究深化的表现，同时也是当前社会的需求。这个问题为什么会发展到这个程度，我做一个简单的回顾。

远的暂且不说，新中国成立以后，从20世纪50年代开始，我们学术界研究的重点是历史上的民族政策。提到历史上的民族政策，自然就离不开边疆，历史上对边疆少数民族的治理，实际上也是边疆治理的一个重要部分。从50年代到80年代，这方面的文章和著作颇多，研究成果也比较丰硕。80年代以后，中国社会科学院边疆中心的学者考虑到，民族政策研究固然重要，但终究不能涵盖整个边疆政策研究，相反边疆政策研究应该涵盖民族政策研究。这个命题提出以后，从80年代末，边疆中心就开始提倡进行中国古代边疆政策研究。先后出版了《中国古代边疆政策研究》（马大正主编）、《清代的边疆政策》（马汝珩、马大正主编）等专题性学术论集，推动了学界研究中国古代边疆政策研究的热潮，边疆政策研究方兴未艾，民族政策研究同时也在深化。到了21世纪以后，对边疆政策、边疆治理的研究已经日渐深入，也越来越感觉到仅仅从历史学的视角做边疆研究固然不可缺少，但是如果引入政治学、社会学等学科的理论和方法来研究边疆治理，那么研究将更深化。特别是2010年前后，随着边疆的一些问题、矛盾越来越凸显，如2008年西藏事件和2009年乌鲁木齐事件，这些事件也推动了学术界对于边疆治理的研究。学界普遍认为对相关问题的研究应该更深层次，将边疆政策研究拓展为边疆治理研究，已成为学人共识。从那时候开始，边疆治理研究就成为研究的一个新亮点。以上是边疆治理研究逐步深化的三个阶段。

清代的边疆政策是指清廷为实现自己治疆目标，以权威的形式规定在一定历史时期应达到的目标、遵循的原则、手段的步骤和具体措施。而边疆治理其内涵显然要宽泛于边疆政策。所谓边疆治理，就是运用国家权力，动员社会各类组织，调动国家和社会资源，实现对边疆地区的人和地的全方位管辖。方盛举主编《当代中国陆地边疆治理》第二章"中国陆地边疆治理"对上述见解做了有益补充。

边疆治理是以政府为核心的多元主体为实现边疆的安全、稳定和发展，依法对边疆区域内公共事务进行管理和处置活动及其过程。因此，一是必须正确理解边疆治理主体是多元的，但政府始终扮演着核心作用；二是必须正确地理解边疆治理的客体是边疆地区客观存在的国家事务和社会公共事务；三是必须正确理解边疆治理的目标是追求边疆地区的安全、稳定和发展；四是必须正确理解边疆治理的根本方式是依法治理边疆，我国的边疆治理必须自觉地把法治作为边疆治理的根本方式。只有更加自觉地用法治意识、法治方式来解决边疆公共问题，管理边疆公共事务，调节边疆社会关系，才能把失衡的社会心理抚平，把失范的社会行为规范，把尖锐的社会矛盾化解，把艰巨的社会问题解决，把复杂的社会关系理顺，把混乱的社会秩序安定。[①]

现在大家都在关注边疆治理研究，所以我们研究的理论和方法也在不断拓展。原来对于边疆治理的研究，主要是历史学领域的学者在进行。但是随着研究的深化，问题的不断提出，仅靠历史学的理论与方法，有些问题无法深入，所以需要不断有新的学科引进来，比如，政治学理论和方法的引进，对边疆治理研究是一个很大的突破，所以要开阔视野。当研究者有了上述的认识，上述的视野，边疆政策等研究将跃上一个新的台阶，边疆治理研究将得以大大深化。

四　开拓中国边疆治理研究的新视点举凡

问：您曾指出，中国边疆学特定的研究对象，决定了研究需要"三个

---

① 参阅方盛举主编《当代中国陆地边疆治理》，中央编译出版社 2017 年版。

结合"，包含历史与现实，基础研究与应用研究，以及多学科研究方法的整合。其中您尤其关注历史与现实的结合，指出中国边疆研究中，中国边疆治理史、当代中国边疆治理尤需重视，您认为未来中国边疆治理研究还有哪些新视点可以继续开拓？

答：边疆治理研究在蓬勃发展、全方位推进，但仍有很多可以深化的空间，我认为可以从两个角度进行深化。

一个是继承和创新的视角。所谓继承，是对以前的研究成果进行深化研究。当然，以前的研究成果已经很丰富了，但是丰富了不代表研究已到尽头了，有些问题，还需要大家共同努力，不断深化研究。主要包括以下几个问题：

（1）因俗而治的问题。因俗而治是民族政策研究理论的一个重要命题，成果很多，专著也很多。过去主要讲因俗而治在治理边疆中的积极方面，这应该肯定，但是因俗而治有没有因俗过度而对国家边疆的治理造成负面影响？所以因俗过度这个问题应该引起大家的重视。

（2）民族起义。有清一代的民族起义很多，对于民族起义应该实事求是地进行分析和评价，不能简单因为反清、反封建统治就认为它是革命。我们不能美化清朝的封建性，但是在国家治理层面上，也不能丑化清朝治理的合理性。过去因为革命史观，对于所有的反清运动都认为是革命；现在对这个问题应该在国家治理大视角下进行实事求是的再研究，再评价。关于清代打着民族旗号起义的问题也引起了中央的高度重视，因为这方面的争论，对我们当前的民族团结造成了一些负面影响。那么，我们应该用怎样的正确史观来指导写出正确的历史叙述，用正确的历史叙述来引导群众呢？在大清史的最后修改过程中，对这个问题也有足够的重视。本着实事求是的精神，有的民族起义我们用中性的描述，但是有些打着反清的旗号，其实不是反清，实际上可能是宗教的圣战或民族的屠杀，对此也不能美化（当然对于历史上民族之间的屠杀也不能渲染）。这个问题，也值得大家在以往研究的基础上进行深化，从一个问题到一个问题，一个人物到一个人物，最终从点到面。

（3）边疆大吏的素质和作用。这方面过去研究不够。在治理边疆的过程中，边疆大吏的作用不可否认，但是每个边疆大吏的素质，往往关系到边疆治理的成败，以及边疆政策执行的效率。跟边疆大吏有关的，是清代在治理边疆时中央决策执行的正确或失误。以前对清前期的边疆治理，我们往往肯定其正确，但是在正确的前提下也有失误，哪些失误是时代性的？哪些失误是由于阶级利益所决定的？哪些失误是因为当时的条件做不到？对于清晚期，我们往往否定的多，肯定的少。但是晚清收复新疆，除了左宗棠，如果没有慈禧太后为代表的最高统治层的支持，左宗棠也做不了多少。虽然清晚期有一系列的卖国和丧权辱国行为，但是在治理边疆上也有亮点，在边疆设立行省，比如在新疆建立行省就是一个亮点，所以这样的问题，也值得我们在前人研究的基础上进一步深化。

（4）对藩属制度、朝贡体系怎么在前人研究的基础上，引入新的学科理论和方法，放入东方视角下，不要拿西方学者的民族国家的理论来套，否则会越梳越乱。这两个问题，现在成果也很多，但是我觉得还可以继续深入。

（5）对于西方学者的一些著作，要充分地尊重和接纳，但不要盲目追随。

另一个是开辟新视角。下面这几个问题，应该引起更大的重视，下更大的力气，把宏观和微观结合。

（1）当代中国人继承了先辈留下的两大历史遗产，一是统一多民族的中国，二是多元一体的中华民族。这两大历史遗产是祖先留给我们的，也是我们现在中国人要面对的，在现实生活中也是这两大历史遗产正在起作用。这两大历史遗产的形成，及其重要性和战略地位，我觉得现在重视不够。

（2）我们统一多民族中国的疆域形成和发展的奠定及其历程和规律的研究，可以从点到面，正面谈我们的认识，建立我们自己的理论体系。

（3）对多元一体的中华民族的形成和发展，同样也需要把历程和规律讲清楚。举个例子，我们在编清史的过程中，关于清朝的入关，就有人把满族看作外国人，与日本人侵略中国相同看待。二者是完全不同的。满族是中华民族的一部分，当然我们不隐晦满族入关战争中的屠杀。这三个大题目，我们如果可以讲清楚，对于我们建立学术体系、学科体系、话语体系会有重要帮助。我们不要求西方认同我们，但是我们要把话语体系放到世界上去。

除此之外，我们还必须应对来自西方学术界的挑战。就拿被炒得比较热的"新清史"来说吧，"新清史"并不新，之所以能"热"，是中国人炒起来的。"新清史"代表人物欧立德自己归纳"新清史"的四个基本观点：第一强调清朝是少数民族建立的非汉的正统王朝，主张划清与汉族王朝的界限；第二强调清代满洲的族群认同和满洲特色，反对满洲被汉化的说法；第三提倡以族群—边疆的视角和新的理论框架来重新审视清代的历史；第四提倡采用满语、蒙古语、维吾尔语的文献来研究清史。这是欧立德自己归纳的"新清史"的四个基本点。除了第四，我们一直在这么做，其他三点值得学术商榷。欧立德引出的理论和对历史事实的叙述，挑战了统一多民族国家的客观存在，挑战了多元一体中华民族的存在。我们现在亟须对具体的理论问题进行更深入的学术探讨，建立起我们自己对统一多民族中国和多元一体中华民族历史叙述的理论框架和体系，但要防止政治化，要在学术范围内讨论、辩论。

五　中国边疆学构筑的前展

问：在《二十世纪的中国边疆研究——一门发展中的边缘学科的演进历程》一书的结尾，您写下这样壮志酬筹的一句话："创立一门以探索中国边疆历史和现实发展规律为目的的新兴边缘学科——中国边疆学，这就是肩负继承和开拓重任的中国边疆研究工作者的历史使命！"距离这本书的出版，至今已过去二十余年，中国边疆学的发展也日新月异，而构建中国边疆学是您一辈子学术生涯最大的梦想，想请您谈谈对中国边疆学构筑的前展。

答：是的，20余年来我对中国边疆学构筑这个命题的思考没有停止，其间我独著《热点问题冷思考——中国边疆研究十讲》（上海辞书出版社2013年版），《中国边疆学构筑札记》（中央广播电视大学出版社2016年版），《当代中国边疆研究（1949—2019）》（中国社会科学出版社2019年版）[①] 等著作，同时，发表了《关于构筑中国边疆学的断想》、《关于中国边疆学构筑的学术思考》、《关于中国边疆学四题》等学术札记20余篇。

---

① 该书为2016年由中国社会科学出版社出版的《当代中国边疆研究（1949—2014）》一书的修订版。

　　中国边疆学正在构筑的过程中，对于中国边疆学的基本认识我也经过了一个不断深化的过程。在我看来，中国边疆学概念及其构筑有一些需要特别注意的地方。中国边疆学就是研究中国边疆从历史到现实所有问题的综合性学科，中国边疆极具中国特色，研究极具中国特色中国边疆的中国边疆学，当然也是极具中国特色的。当今社会信息很发达，学术交流与传播也很方便，导致一些西方理论到了中国就变成了香饽饽。我们一定要注意，在借鉴西方国家相关理论时，可以有效借鉴但不能盲从，一定不要忘记中国特色这个实际，要理论联系实际，讲求实事求是。

　　中国边疆学既是一门探究中国疆域形成与发展规律、中国边疆治理理论和实践综合性专门学科；又是一门考察中国边疆历史发展轨迹，探求当代中国边疆可持续发展与长治久安现实和未来极具中国特色的战略性专门学科。中国边疆学是社会科学一个分支，应定位于社会科学学科分类的一级学科。中国边疆学具备综合性、现实性、实践性三个学科特点。

　　对中国边疆学学科的二级学科该如何设置，也是一直以来我思考的重要问题。我认为，首先要弄明白中国边疆学研究的对象是什么，我想研究对象应该是有关中国边疆历史与现实中的一些问题，据此，历史学与政治学这两块应可以很好地运用到中国边疆学的研究中去，可以作为中国边疆学学科下的二门最重要的分支学科门类。总体上来看，中国边疆学学科分类设置是比较复杂的，既涉及学科内涵的认识，也离不开学科管理层面的诸多方面，学术因素与非学术因素均有所涉及，但我一直相信随着学科体系构筑的持续推进，对学科设置什么、如何设置等问题的回答会越来越清晰和完善。

　　关于中国边疆学基本功能的认识，像我之前反复谈到的，大体分为文化积累功能和资政育民功能两大方面，如果再具体去讨论的话，大概还可以分作四点。简单来说就是，一是，要有描述功能，也就是着重解决的是"是什么"的问题。二是，要具备解释功能，就是要在说明"是什么"的基础上，解决"为什么"的问题，探寻中国边疆形成和发展的规律。三是，还可以发挥预测功能，也就是在解决了"是什么""为什么"后，应进而探索"怎么办"的问题。第四点就是教育功能了。作为综合研究中国边疆历史与现状的学科，中国边疆学在对边疆社会的认识与分析过程中，本身就能够影响到广大民众的世界观、价值观、国家观、民族观、历史观等方面，在事实上发挥着直接教育和间接教育的功能。

中国边疆学是一门研究中国边疆历史与现状的专门学科，历史学的理论与历史学的研究方法是中国边疆学赖以生存的基础，但由于中国边疆这一特定研究对象的多维性、复杂性，仅仅历史学科的理论和方法已不能完全适应新形势下边疆问题研究的全部，诸学科间互通、交融和集约成为必要，中国边疆学需要集纳多学科理论和方法，为构筑中国边疆学提供有益经验。

中国边疆治理理论与实践研究是中国边疆学研究的重中之重，只有将中国边疆作为统一多民族国家的有机组成部分，作为一个完整的研究客体，我们才能更好地认识中国的边疆、研究中国的边疆，才能更好地认识中国边疆面临的一系列历史上的难点问题和现实中的热点问题，并做出科学的回答。而所有这一切只有在中国边疆学学科建立后，才可望得到更合理的开展。

中国边疆学是一门具有强大生命力的新兴交叉学科。中国边疆学具有强大生命力的原动力，而强大生命力的客观存在又将为中国边疆学的构筑和可持续发展提供精神和物质的基础。

六 对年青一代学子的期许

问：诚如我们在第一个问题中感叹的，您已年逾八十，但是对学术的热忱和刻苦，远远超过我们这些晚辈，实是令人敬佩。作为老一辈边疆史学家，您能谈谈自己的治学方法，给年轻学子提供些经验吗？

答：我从事边疆史地研究已有多年，为边疆学的构筑还在孜孜不倦地努力，经验啊也谈不上，根据这么多年的治学实践，心得体会倒可以总结几点供大家参考吧！

一是，史学工作者要有一定的社会责任感。这就要求自己的研究成果要有利于学科建设的总体发展目标，并且保证自己的研究成果具备可延伸的潜力，能够发挥以史为鉴的社会作用。

二是，中国边疆研究的一个优良传统就是求真求实。一要求真，要挖掘历史真实的一面，永远遵循实事求是的原则。二要求实，就是要求研究者必须脚踏实地，面对历史与社会现实要具有强烈的使命感和责任感。

三是，第一手资料对历史研究是非常重要的。资料收集是研究的基础，包括相关文献、档案、口述记录等，要掌握一定的搜集、整理方法，适当加以利用。尤其是各少数民族文字记载的史料，对研究边疆史地具有特别重要的意义。另外，掌握了一手材料还不行，资料的鉴别是研究的开始，对任何史料都不可不信，又不可全信，考据比对是鉴别真伪的可靠方法。

四是，读万卷书，行万里路。尽管对于边疆研究工作者来说也得有"板凳需坐十年冷"的精神，但同时实地调查更为重要。所谓百闻不如一见，到边疆地区走一走、看一看、听一听，是大大有利于研究深化的。如果只有书本上的那点眼界，也很难有大的胸怀，做出大的文章来。

五是，选择恰当的研究切入口。对于一个初入史学大门的年轻学者，我比较建议选择适合自己的研究视点。能够选择恰当的研究切入口，已经是学术研究成功的第一步了。对于年轻的学者而言，起初最好不要选择过大的题目，但要有一个宏观的概念，微观研究是研究的入门，而宏观研究则是研究升华的开始。微观研究和宏观研究要相兼顾，宁可小题大做，而不可大题小做。研究时要心有全局，尽量使自己的研究成果能做到分则成文、合则成书。

再补充一点，作为一个从事人文社会科学的研究者，应努力在自己的研究实践中培养自己掌握"四会"，即会研究、会写作、会讲课、会科研组织，如能如此，必然会大大有利于自己研究的开展与深化。

上述五点如果对年轻学人能有一点参考价值，幸莫大焉！谢谢您的采访。

解析：

该文为刘姗姗采访整理。刘姗姗同志受《中国史研究动态》编辑部之约，于2019年10月对我进行了采访，本文刊发于《中国史研究动态》2020年第1期。

中国边疆研究的回顾与前瞻

——马大正先生访谈录

一　对中国边疆研究的回顾

新中国成立前，有边政研究，新中国成立后，天翻地覆，把边政学作为历史的垃圾整个扔掉了，边政研究专家大部分因为有国民政府背景，也被打入另册，一些旧政权背景不太深的专家基本转到民族史研究领域去了。其实，研究边疆，不跟政府挂钩，是没法开展的。如果没有政府的支持，边疆研究，特别是当代的边疆研究，是没法做的。

新中国成立以后，有关边疆史地的研究，重点在民族史研究，成绩巨大、成果丰硕。现在回过头来看，也有一些欠缺，我们的民族史实际上就是少数民族史，把汉族去掉了，这不能归咎于民族史本身，在于我们对民族的认识存在误区。

20世纪60年代，我研究生毕业分配到中国科学院（现在的中国社科院）民族所从事民族史研究，"文化大革命"结束以后，主要关注卫拉特蒙古。70年代末80年代初，我开始介入边疆研究领域。为什么会关注边疆研究呢？因为我们当时跟苏联打领土笔墨官司，边界问题涉及边疆、民族。这些边界的来龙去脉，特别是近代的边界研究，也就成为当时边疆研究中最重要的内容。但那时这个领域禁区太多，材料看不到、文章发不出去，中国社科院在这种背景下于1983年成立了中国边疆史地研究中心，就是现在的中国边疆研究所，希望通过这个平台，通过社科院的名声，把边疆研究拓展一下。

如何拓展？我们提出一个思路——边疆研究的范围应比民族研究要宽，具体一点以历代民族政策研究为例说，民族政策只是边疆政策的一个组成部分，两者不能画等号，边疆治理、边疆政策包括民族政策，但民族政策不能代表全部的边疆政策。同理，边疆研究也就不能仅仅研究近代的边界问题，应该视野拓宽。

我们当时提出：边疆研究从历史上来说，就要研究中国疆域形成发展史，即我们的疆域到底是怎么形成的。边疆是我们疆域不可分割的一部分，没有边疆，中国就不成为现在的中国，要研究我们中国的疆域形成、发展的历史和其规律。我们发现，疆域形成发展过程中的一个很重要的推动力，就是中央政府对边疆的治理，如果中央政府对边疆的治理成功，疆域就会拓展，统一多民族国家就得到发展；如果治理失败，可能王朝就崩溃了。但中国有一个特点，疆域发展呈螺旋形发展的态势，分分合合，最后还是统一多民族国家。这是一个研究的重点，这样我们就避开了禁区严重的边界问题。

边界问题当然要研究。因为 20 世纪 80 年代我国跟苏联还在谈判，还在打笔墨官司，所以近代边界问题、不平等条约割让国土等问题，不研究清楚是不行的。近代的边界沿革史还是要研究的。

最后一项是我们又提出从史学史的视野，研究边疆的研究史。

我们把上述内容称为边疆史地研究的三大研究系列，这样就把研究领域拓宽了，在全国反应还挺热烈，大家原来都盯着边界问题，材料看不到，文章也发不了，着急、发愁，研究领域扩宽后，边疆史的研究一下子就热起来了。到 20 世纪 80 年代末，成果越来越多。我把这股热潮称为中国边疆研究第三次高潮的发端。

90 年代初，中国社科院给了我们一个任务：研究边疆不能光研究古代的、近代的，应该把眼光放到当代。90 年代的研究氛围跟现在很不一样，而且要研究当代的边疆问题又很敏感，有很多禁区。我当时想，这个怎么研究啊，社科院的人跑到地方上去研究当代的边疆存在什么问题，人家理都不会理我们，觉得社科院给我们添乱来了；而且当代的材料都是内部的，甚至是有密级的。院里说，这个你还得想想办法，因为我从民族所调到中国边疆史地研究中心以后，担任了行政职务，得抓这件事。后来，我们想了一些落实办法，主要有两个重点：一个是要确定什么主题。因为你去调研，调研什么得想清楚。当时最热的是经济发展，但我们都是学历史出身，经济学我们外行，去搞一个边疆地区的经济发展战略，我们也闹不出来，因此，当时我提出，到边疆地区调研，就是调研当地社会存在一些什么问题，除了经济发展滞后以外，还有一些什么问题，我们针对这些问题，提出怎么解决这些问题的办法。当时确定了这么一个主题，院里也同意我们这种做法。

另一个是要怎么去调研。中国还是讲究人脉关系，只有中国社科院的介绍信是不够的，还需要得到官方、军方、警方的支持，有这两个条件，我们到边疆地区，再找有熟人的地方，这样结合起来，就顺了。正好我原来搞民族史研究的时候，在新疆的蒙古族自治州有些朋友，所以我们当时第一个调研点就选在博尔塔拉蒙古自治州，因为我和这个州领导关系挺好，我把调研意图告诉他们，调研就得以顺利展开。我们确定博尔塔拉蒙古自治州调研两个重点：一是蒙古族与州内其他民族的关系如何，历史上他们间的关系怎么演变；二是博尔塔拉蒙古自治州有 384 千米的边界线，当时与苏联存在 4 块争议区，这些争议区不是近代形成的，而是 1949 年后形成的，这是以前没有注意到的。初次调研很成功。

从此，我们把视野从边疆史地三大研究系列扩展到现实问题的研究。现实问题的研究也从除了经济以外各种问题到集中于社会稳定面临的问题，比如，在新疆、西藏主要关注反分裂斗争，在西南地区主要关注毒品贩卖、枪支走私等，东北边疆则是朝鲜半岛形势发展走向等，通过调研逐步明确。中国边疆史的研究有很悠久的传统，而中国边疆史的研究发展成中国边疆研究，则是因为它要面对现实。光从历史的角度来研究，有些问题可能解决不了，要用政治学、民族学、人类学、社会学多学科的知识来研究，才能理解和解决当代边疆问题。

怎么能做好依托历史，面对现实，预测未来呢？关键在于求真求实，所谓求真求实就是实事求是的思想路线，这是中国边疆史研究的一个非常好的传统。中国不同的边疆地区有不同的问题，要具体问题具体对待。在治理边疆的问题上，绝对不能搞"一刀切"。清朝的皇帝也没有"一刀切"，我们共产党人当然比清朝皇帝要高明。另外，作为边疆研究者，既要继承我们几千年来的边疆史地研究好的传统，同时，我们也应该有当代边疆研究者自己的历史担当，不能回避现实，钻到故纸堆里去，当然，对边疆研究里面包括许多"绝学"的领域，那是另外一个问题。

这是我们的边疆史地研究到中国边疆研究发展的简单脉络。如今，边疆研究越来越热，这是一个发展的过程。

二 中国边疆研究深化势在必行

中国边疆研究蓬勃发展，全方位推进，形势喜人，但仍有很多可以深化和开拓的空间。试从继承和创新，开拓和深化两个维度略陈己见。

（一）继承和创新

中国边疆研究中一些传统的研究领域成果丰硕，但尚有许多问题仍可继承和创新。以愚见，如：

1. 历史上民族政策中的"因俗而治"

"因俗而治"是历代民族政策研究中为学人重视的一个大问题，论文、专著很多，综其成可看到大都是论其治边中的积极方面。但对因俗过度而对国家边疆治理造成负面影响，论者甚鲜！今天学人应立足现实、回观历史，对"因俗过度"的消极面的探究，给以更多关注。

2. 有清一代的民族起义

对于有清一代的民族起义应该实事求是地进行分析和评价，不能简单因为反清、反封建统治就认为它就是革命。我们不能美化清朝的封建性，但在国家治理层面上，也应看到清朝治理的合理性。过去所有的反清运动都认为是革命；现在对这个问题应该在国家治理大视角下进行实事求是的再研究、再评价。有关清代打着民族旗号起义的问题已引起了中央的高度重视，因为这方面的争论，给当前的民族团结造成了一些负面影响。那么，我们应该用怎样的正确史观来指导写出正确的历史叙述，用正确的历史叙述来引导群众呢？我以为应该本着实事求是的精神深化研究、慎重对待。有的民族起义我们可中性的描述，但有些打着反清的旗号，其实不是反清，实际上是狂热的圣战或民族屠杀，对此也不能美化（当然对于历史上民族之间的屠杀也不能渲染）。这个问题，也值得大家在以往研究的基础上从一个问题到一个问题，一个人物到一个人物，最终由点到面进行深化研究。

我们还应该寻找一个理论的平衡点，既要肯定反封建的革命线，也要承认清朝所进行的国家治理的合理性。这两者怎么能找到一个理论的平衡点？我说不出来，但是我觉得，光从一个角度来说，现在肯定不行。统一新疆当然没问题，那镇压太平天国怎么看？镇压回民起义也死了不少人，怎么说？总得有一个说法。要是从国家治理的角度，有些治理是有合理性的，毕竟当时不能让国家乱。这个理论平衡点很复杂，处理不好，还会影响民族团结。我们边疆研究面临的任务是很重的，很多人愿意在这方面多做一些事，多做一些思考，这是好事。

3. 边疆大吏的素质和作用

这方面过去研究不够。在治理边疆过程中，边疆大吏的作用不可否认，每个边疆大吏的素质，往往关系到边疆治理的成败，以及边疆政策执行的效率。跟边疆大吏有关的，是清代在治理边疆时中央决策执行的正确或失误。以前对清前期的边疆治理，我们往往肯定其成功，但是在成功的前提下也有失误，哪些失误是时代性的？哪些失误是由于阶级利益所决定的？哪些失误是因为当时的条件做不到的？对于清晚期，我们往往否定的多，肯定的少。但是晚清收复新疆，除了左宗棠，如果没有慈禧太后为代表的最高统治层的支持，左宗棠也做不了多少。虽然清晚期有一系列的卖国和丧权辱国的行为，但是在治理边疆上也有亮点，在边疆设立行省，比如在新疆建立行省就是一个亮点，所以这样的问题，也值得我们在前人研究的基础上进一步深化。

（二）开拓和深化

中国边疆研究，不仅具有以史为鉴的功能，且还有资政育人的功能，中国边疆研究的成果可以直接为决策服务。因此，边疆研究者应直面新问题开拓和深化。

中国边疆研究的开拓和深化，要坚守国人历史文化认知的底线。

对中国历史文化认知是重大原则问题，是国人文化认同、国家认同的重要基础之一。对此，我国历史上许多有识之士有过精辟阐论。清代龚自珍曾言："欲知大道，必先为史。灭人之国，必先去其史。"

我们的先辈为今人留下了两项举世瞩目、无与伦比的历史遗产：幅员辽阔的统一多民族国家和人口众多、多元一体的中华民族。这是中国不同于世界上任何一个国家的特殊国情。也是每一个中国历史文化认知的核心内容。这些都是大道理、大前提。有了这样的历史文化认知，大道理就能够管住小道理、大前提就能够管住小前提。我们要通过长期、扎实的研究，努力使这些大道理、大前提深入人心，成为中华民族的共识。

什么是中国特色的两大遗产？

统一多民族的中国，是经过一个漫长而曲折的发展过程后大致定型的。自先秦时期起，在现代中国领土范围内开始形成一个核心区域，这个区域大致在黄河中下游至长江中下游一带。在这个中心区域建立政权的既有华夏，也有夷狄；既有汉族，也有少数民族。在国家的发展进程中，边疆地区的发展是其有机组成部分，全国范围的发展状况决定了边疆地区的发展水平，边疆地区的发展状况对全国范围的发展也产生了重要影响。

多元一体的中华民族，既是一个民族共同体概念，又是一个国族概念。"多元"指统一多民族国家形成过程中各民族所具有的"个性"和"特质"，即各民族在语言、地域、经济、文化心理等方面所具有的多样性和表现形式上的特殊性；"一体"指各民族在共同发展过程中相互融合、相互同化所形成的民族共同体的共同特征和"一体化"趋势。这种由多元到一体的特点在中华民族形成过程中自始至终都存在着：首先是分布于黄河流域的多个部落互相融合形成华夏族；然后是北狄、东夷、西戎、南蛮等多种族群融入华夏族形成汉族；汉族出现后对周围众多的民族产生强大的吸引力，成为中华民族的凝聚核心，各民族在政治、经济、文化等多方面密切联系，不断融合，形成你中有我、我中有你、谁也离不开谁的一个整体，最终形成中华民族。中华民族有两个值得重视的特点：一是多元中的本土特点。中华民族尽管是由众多民族经过数千年的不断融会而形成，但这些民族无论是历史上已消失的民族，还是现实生活中存在的民族，都是在中国这块辽阔的土地上土生土长的民族，即使有些少数民族的祖先具有外人的血统，也是在中国境内与其他民族的融合中形成的。二是凝聚力强。历史上中华各民族之间虽然有冲突和战争，但交流和融合是主流，各民族在其同生活、共同斗争中形成一个整体，在抵御外侮尤其是近代帝国主义列强侵略和瓜分时，中华民族的凝聚力不断升华并空前释放出来。

两大历史遗产是中国与中华民族生生不息的强大原动力，是物质与精神的有机结合、互补互促，并成为每一个中国人的宝贵精神财富。因此，今天，我们更应该在中华民族共同体理论框架下开展对两大历史遗产的宏观与微观相结合的研究，并将研究成果普及于国民教育之中。

三　构筑中国边疆学是边疆研究者的历史担当

中国边疆学正在构筑的过程中，对于中国边疆学的基本认识我也经过了一个不断深化的过程。在我看来，中国边疆学概念及其构筑有一些需要特别注意的地方。中国边疆学就是研究中国边疆从历史到现实所有问题的综合性学科，中国边疆极具中国特色，研究极具中国特色中国边疆的中国边疆学，当然也是极具中国特色的。当今社会信息很发达，学术交流与传播也很方便，导致一些西方理论到了中国就变成香饽饽。我们一定要注意，在借鉴西方国家相关理论时，可以有效借鉴但不能盲从，一定不要忘记中国特色这个实际，要理论联系实际，讲求实事求是。

中国边疆学既是一门探究中国疆域形成与发展规律、中国边疆治理理论和实践综合性专门学科；又是一门考察中国边疆历史发展轨迹，探求当代中国边疆可持续发展与长治久安现实和未来极具中国特色的战略性专门学科。中国边疆学是社会科学的一个分支，应定位于社会科学学科分类的一级学科。中国边疆学具备综合性、现实性、实践性三个学科特点。

对中国边疆学学科的二级学科该如何设置，也是一直以来我思考的重要问题。我认为，首先要弄明白中国边疆学研究的对象是什么，我想研究对象应该是有关中国边疆历史与现实中的一些问题，据此，历史学与政治学这两块应可以很好地运用到中国边疆学的研究中去，可以作为中国边疆学学科下的二门最重要的分支学科门类。总体上来看，中国边疆学学科分类设置是比较复杂的，既涉及学科内涵的认识，也离不开学科管理层面的诸多方面，学术因素与非学术因素均有所涉及，但我一直相信随着学科体系构筑的持续推进，对学科设置什么、如何设置等问题的回答会越来越清晰和完善。

关于中国边疆学基本功能的认识，像我之前反复提到的，大体分为文化积累功能和咨政育民功能两大方面，如果再具体去讨论的话，大概还可以分作四点。简单来说，一是，要有描述功能，也就是着重解决"是什么"的问题。二是，要具备解释功能，就是要在说明"是什么"的基础上，解决"为什么"的问题，探寻中国边疆形成和发展的规律。三是，还可以发挥预测功能，也就是在解决了"是什么""为什么"后，应进而探索"怎么办"的问题。第四点就是教育功能了。作为综合研究中国边调历史与现状的学科，中国边疆学在对边疆社会的认识与分析过程中，本身就能够影响到广大民众的世界观、价值观、国家观、民族观、历史观等方面，在事实上发挥着直接教育和间接教育的功能。

中国边疆学是一门研究中国边疆历史与现状的专门学科，历史学的理论与历史学的研究方法是中国边疆学赖以生存的基础，但由于中国边疆这一特定研究对象的多维性、复杂性，仅仅历史学科的理论和方法已不能完全适应新形势下边疆问题研究的全部，诸学科间互通、交融和集约成为必要，中国边疆学需要集纳多学科理论和方法，为构筑中国边疆学提供有益经验。

中国边疆治理理论与实践研究是中国边疆学研究的重中之重，只有将中国边疆作为统一多民族国家的有机组成部分，作为一个完整的研究客体，我们才能更好地认识中国的边疆、研究中国的边疆，才能更好地认识中国边疆面临的一系列历史上的难点问题和现实中的热点问题，并做出科学的回答。而所有这一切只有在中国边疆学学科建立后，才可望得到更合理的开展。

中国边疆学是一门具有强大生命力的新兴交叉学科。中国边疆学具有强大生命力的原动力，而强大生命力的客观存在又将为中国边疆学的构筑和可持续发展提供精神和物质的基础。

目前，边疆研究很热，各路兵马都在论中国边疆学该怎么建，各种各样的说法很多，我说这是一件好事，由原来大家不关注，成了大家都想发言，讲一点自己的想法，当然很好。但是我现在有两个担忧：

第一，我们提倡的是中国边疆学，现在有一些专家，把"中国"两个字去掉了，或是先说边疆学，再加一个一般边疆学，再来一个中国边疆学。这里就有一个大问题了，我觉得中国边疆这样一个边疆，在全世界除了俄罗斯有，其他都没有。小国有边疆吗？它们只有边境地区，没有边疆。边界是每个国家都有的，挨着边界的边境也有，但边疆则是有自己发展特点的地方，除了俄罗斯有边疆，包括美国都没有。美国所谓的边疆，特纳的边疆学讲的是开发西部，跟我们的边疆概念完全不一样。如果是边疆学，就要研究世界的边疆，世界很多国家没有边疆，不是给自己弄乱了吗，这是第一个担忧。

第二，现在有些年轻学者，外语好，用西方的边界理论来套中国的边疆，越套越乱，中国的边疆是中国特色的，它不是民族国家成立以后现代意义的边界。如果用现代意义的边界来看历史上的边疆，越说越糊涂。中国是东方国家，我们古代是有边无界的，那时的中国人脑子里没有那么清晰的边境线，这是中国特点。

因此，我主张建立我们自己的中国边疆学。统一多民族国家、多元一体中华民族是祖先留给我们的两大历史遗产，在今天铸牢中华民族共同体意识的要求下，这两个理论还值得很好发挥，把它规律性的东西找出来，我们的祖先留给我们的两大历史遗产是当前中国人认识中国历史的一个底线。

解析：

该文为杨东采访整理。2020 年 9 月 19 日，《中央社会主义学院学报》编辑部举办了"中华民族共同体的历史叙事"研讨会，我在会上提出在中华民族共同体理论框架下开展对"统一多民族的中国"和"多元一体的中华民族"两大历史遗产的研究。会后编辑部杨东等同志又对我做了一次专门访谈，本文即是访谈稿，刊发于《中央社会主义学院学报》2021 年第 1 期。

马大正有关中国边疆学构筑著述、访谈录

一 著作

马大正：《当代中国边疆研究（1949—2019）》，中国社会科学出版社2019年版。

马大正：《当代中国边疆研究（1949—2014）》，中国社会科学出版社2016年版。

马大正：《中国边疆学构筑札记》，中央广播电视大学出版社2016年版。

马大正：《热点问题冷思考——中国边疆研究十讲》，上海辞书出版社2013年版。

马大正、刘逖：《二十世纪的中国边疆研究——一门发展中的边缘学科的演进历程》，黑龙江教育出版社1997年版。

二 论文

马大正：《从中华民族一词的产生到铸牢中华民族共同体意识》，《云南师范大学学报》（哲学社会科学版）2022年第1期。

马大正：《中国边疆学构筑再思考——"三大体系"建设之我见》，《中国边疆史地研究》2021年第3期。

马大正：《笔谈一：再议中国边疆学构筑与中国边疆学治理研究的深化》，《云南师范大学学报》（哲学社会科学版）2019年第1期。

马大正：《中国边疆学构筑是当代中国学人的历史担当》，《云南师范

大学学报》（哲学社会科学版）2019 年第 1 期。

马大正：《中国边疆学四题》，载邹建达、许建英主编《中国边疆学构筑文集——贺马大正先生八十华诞》，社会科学文献出版社 2019 年版。

马大正：《关于中国边疆学构筑的学术思考》，《中国边疆史地研究》2016 年第 2 期。

马大正：《新世纪以来中国学者对中国边疆学构筑的探索》，《中国边疆学》第 3 辑，社会科学文献出版社 2015 年版。

马大正：《从边疆史地研究展开到中国边疆学构筑——边疆中心工作的回忆》，载刘楠来主编《中国哲学社会科学发展历程回忆：政法社会卷》，中国社会科学出版社 2014 年版。

马大正：《略论中国边疆学的构筑》，《新疆师范大学学报》2013 年第 5 期。

马大正：《我与中国边疆学》，《中国边疆史地研究》2013 年第 4 期。

马大正：《关于中国边疆学构筑的几个问题》，《东北史地》2011 年第 6 期，《新华文摘》2012 年第 2 期转载。

马大正：《全球化视野下的中国边疆学理论探讨——云南大学专门史国家重点学科"史学高层论坛"系列讲座综述》，《思想战线》2009 年第 5 期。

马大正：《边疆研究应该有一个大发展》，《东北史地》2008 年第 4 期。

马大正：《边疆研究者的历史责任：构筑中国边疆学》，《云南师范大学学报》（哲学社会科学版）2008 年第 5 期。

马大正：《深化边疆理论研究与推动中国边疆学的构筑》，《中国边疆史地研究》2007 年第 1 期。

马大正：《关于构筑中国边疆学的断想》，《中国边疆史地研究》2003 年第 3 期。

马大正：《关于边疆研究若干问题的思考》，《中国边疆史地研究》2002 年第 1 期。

马大正：《组织跨学科力量对中国边疆重大问题研究进行联合攻关》，《中国边疆史地研究》2002 年第 4 期。

马大正：《思考与行动——以边疆研究深化与边疆中心发展为中心》，《中国边疆史地研究》2001 年第 1 期。

马大正：《从中国边疆研究的发展到中国边疆学的构筑》，《光明日报》1999 年 1 月 8 日。

马大正：《中国边疆研究：回顾与前瞻》，《人民日报》1999 年 10 月 23 日。

马大正：《二十世纪的中国边疆史地研究》，《历史研究》1996 年第 4 期。

三 访谈录

杨东：《中国边疆研究的回顾与前瞻——马大正先生访谈录》，《中央社会主义学院学报》2021 年第 1 期。

刘姗姗：《中国边疆学构筑命题的提出与突破——访马大正先生》，《中国史研究动态》2020 年第 1 期。

单富良：《中国的边疆历史研究——中国边疆史地研究中心马大正研究员访谈》，载王希、卢汉超、姚平主编《开拓者：著名历史学家访谈录》，北京大学出版社 2015 年版。

齐岳峰：《马大正：边疆学开拓者——一门中国人创造的学科，正在揭示大一统国家经略边疆的历史与现实经验》，《瞭望东方周刊》2014 年第 42 期。

田磊：《中国需要一门边疆学——对话中国社科院中国边疆史地研究中心研究员马大正》，《南风窗》2009 年第 17 期。

祝立业：《骥行万里志弥坚 平生抱负在边疆——中国边疆史地研究中心马大正研究员访谈》，《东北史地》2009 年第 4 期。

曾涛：《我的愿望是构筑中国边疆学——马大正访谈录》，《北京日报》2007 年 10 月 8 日。

李晓林：《以史为鉴 长治久安——访中国边疆史地研究中心研究员马大正》，《中国民族》2006 年第 6 期。

危兆盖：《中国边疆史地研究的新进展——访中国边疆史地研究中心马大正研究员》，《光明日报》2004 年 3 月 16 日。

涂露芳:《中国社科院边疆中心付出艰苦努力 边疆研究进入第三次高潮》,《人民日报》2000年4月8日。

马宝珠:《中国边疆史地研究生机盎然》,《光明日报》2000年3月3日。